언어와 사고

Language and Thought

언어와 사고

초판인쇄 2022년 5월 15일 **초판발행** 2022년 5월 20일

지은이 이마이 무쓰미 **옮긴이** 김옥영 **펴낸곳** 소명출판 **출판등록** 제13-522호

주소 서울시 서초구 서초중앙로6길 15, 2층

전화 02-585-7840 **팩스** 02-585-7848

전자우편 somyungbooks@daum.net **홈페이지** www.somyong.co.kr

값 15,000원 ⓒ 소명출판, 2022

ISBN 979-11-5905-693-2 03730

부산대학교 일본연구소 번역총서 7

언어와 사고

Language and Thought

이마이 무쓰미 지음

김옥영 옮김

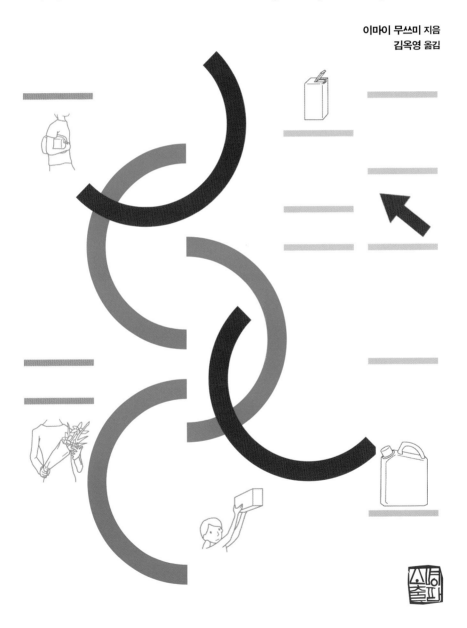

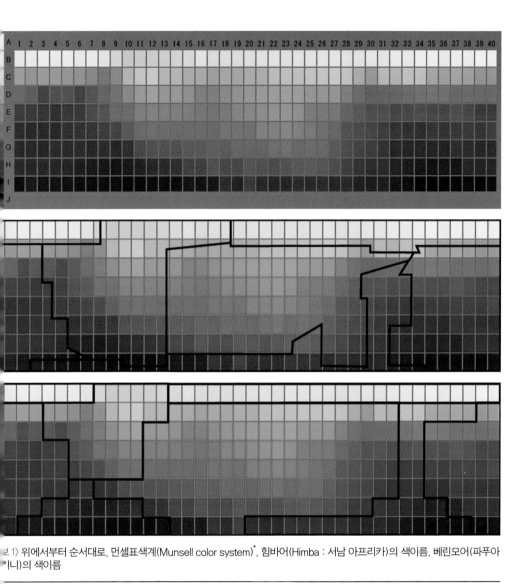

〈그림 1〉 위에서부터 순서대로, 먼셀표색계(Munsell color system)[*], 힘바어(Himba : 서남 아프리카)의 색이름, 베린모어(파푸아뉴기니)의 색이름

---

*   1905년 화가이며 색채연구가인 먼셀(Albert H. Munsell, 1858~1919)이 고안한 색표시
        법. 색을 색상(色相 : H = hue)·명도(明度 : V = value)·채도(彩度 : C = chroma)의 세
        가지 속성으로 나눠 HV/C라는 형식에 따라 번호로 표시한다.

〈화보 2〉 오른쪽 색과 왼쪽 색, 어느 쪽이 중앙 위와 같을까?

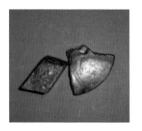

〈화보 3〉 '같다'의 기준이 되는 것은, 모양인가 소재인가. 각 열 중앙은, 위에서부터 도자기제 레몬즙추출기, U 자형으로 놓인 톱밥, 납덩어리. 각각의 왼쪽은 모양, 오른쪽은 소재가 같은 것

옅은 파랑에서 짙은 파랑으로의 변화

↑ 표준　　　　↑ 색만 변화　　　　　　　　↑ 색과 모양의 변화

옅은 녹색에서 짙은 녹색으로의 변화

〈화보 4〉 뇌가 지각하는 색의 변화

옮긴이의 말

　우리가 너무도 당연시하는 '전, 후, 좌, 우'라는 개념이 아예 존재하지 않는 언어가 있고, 자연에 존재하는 색을 표현하는 말이 아예 없거나 극소수인 언어도 있으며, 애초에 숫자라는 개념이 없는 언어도 존재한다. 그렇다면 그러한 환경의 사람들은 위치관계를 어떤 식으로 표현하고, 색을 가리킬 때 어떤 방법을 취하고, 수를 전달함에 있어서 어떤 방식을 취하는 것일까. 당연하다고 생각하고 있었던 것이 당연하지 않게 되는 순간 우리는 당혹감을 느끼는 동시에 호기심이 발동하게 된다.

　'언어'란 무엇인가. 또, '사고'란 무엇인가.

　지구상에 존재하는 수많은 언어는 각각의 언어를 사용하는 사람의 사고체계에 당연하고도 자연스럽게 영향을 미친다. 따라서 언어가 다르면 사고도 다를 것이라는 생각도 어쩌면 당연하고 자연스러운 것이라 하겠다.

　저자 또한 서두에서 말이 다양한 카테고리로 세계를 분할하고 있고, 그로 인해 다른 언어를 말하는 사람들은 세계를 보는 견해나 사고의 자세가 다를 것이라고 언급하고 있다. 이러한 견해나 사고의 차이로 인해 각 언어의 문법체계에 차이가 발생하고, 그로 인해 다양성과 이질성異質性은 그 정도程度를 더해간다. 그렇다면 다른 언어를 구사하는 화자 사이에서 사고의 동질성同質性은 찾아볼 수 없는 것인가, 다양한 언어만큼이나 다양한 사고체계 안에서 보편성普遍性을 발견하는 것은 불가능한가라는 질문에 대하여 저자는, '사물', '색', '동작' 등에 이름을 붙이는 방법을 알아보는 실험으로 힌트를 주고 있다. 언어마다 표현에 있어서의 방법이나 종류의 차이는 분명히 존재하지만 그 다양한 차이 안에서도 가장 기초적인 레벨에서는 보편적인 사고를 하고 있다는 사실을 실험을 통해 객관적으로 확인시켜 주고 있는 것이다. 여기에서 그치지 않고, 보편성에서 다시 다양성으로 넓혀지는 언어와 사고의 관계를, 언어를 습득하기 이전과 이후의 사고, 언어를 가진 인간과 언어를 가지지 못한 동물의 사고에 대한 실험으로 흥미롭게 접근하고 있다.

한발 더 나아가 동일한 언어를 구사하는 단일언어사용자와 이중언어사용자 간의 사고체계라는 관점에서 모어와 외국어를 다루어 우리가 당연시하고 있었던 사실이 실은 당연하지 않을 수 있다는 점을 상기시켜준다. 이로 인해 언어를 대하는 자세가 좀 더 객관적이 될 수 있었던 것 또한 사실이다.

언어란 가장 주관적이고 추상적일 것 같지만, 실은 매우 객관적이고 과학적일 수 있다는 것을 저자는 책의 곳곳에서 실험과 사례를 통해 보여주고 있는 것이다.

이 책 『언어와 사고』는 평소 언어에 흥미를 느끼고 있는 독자는 물론, 언어나 사고자체에 특별히 관심을 두지 않았던 독자라도 한 번쯤은 궁금해했을 법한 언어와 사고의 상관관계라는 주제에 쉽고 흥미롭게 접근할 수 있도록 안내하는 길잡이 역할을 충분히 해 줄 것이라 생각한다.

2022년 5월
김옥영

차례

언어로
보는
세계

언어와 사고

'물', '녹색', '왼쪽'이라는 말

말은 세계로 향하는 창이다. 우리들은 매일 생활 속에서, 특별히 의식하지 않고, 말을 통해서 세계를 보거나, 사물을 생각하거나 한다. 새삼스럽게, 말이 우리들의 일상에서 어떠한 역할을 완수하고 있는지, 말이 없는 세계란 어떤 것인지, 등을 생각하는 일은 좀처럼 없을 것이다. 하지만, 말은 우리 세계의 관점, 인식의 방식과 도대체 어떠한 관계를 가지고 있는 것일까.

예를 들어, 우리들은 '물'이 어떤 것인지 알고 있다. 그러면, '물'이라는 말을 알게 되기 이전의 어린아이는, '물'을 어른처럼은 이해하지 못하는 것일까. '녹색'이라는 색은 어떨까. '녹색'이라는 말을 알지 못하는 아이는 '녹색'이라는 색을 어른과 동일하게는 이해하지 못하고 있는 것일까. '왼쪽'이라는 말을 아직 알지 못하는 아이는, 사물끼리의 위치 관계를 어른과 동일하게는 이해하지 못하고 있는 것일까.

같은 질문을 다음과 같이 바꿔 말할 수도 있다. '왼쪽'이라는 말이 없는 언어 ― 실제로 있지만 ― 를 말하는 사람들은, 우리들이 '이봐, 열쇠는 텔레비전 왼쪽에 있어'라고 말하고 싶은 상황에서, 어떻게 그 정보를 전달하는 것일까. 그리고 애초에 그러한 언어가 모어인 사람들은, 사물끼리의 위치 관계에 대한 이해 방법이나, 자신이 가는 장소를 찾거나, 공간 안에서 물건을 찾거나 하는 방법이, 우리들과 다른 것일까. '녹색'에 해당하는 말이 없는 언어의 화자는, 우리가 '녹색'이라고 부르는 색에 대해서 우리와 다른 인식을 하는 것일까.

실제로, 일본어는 우리 일상 속에 너무나도 깊이 들어와 있어서, '녹색'이나 '왼쪽'이라는 말이 없는 언어가 있다는 것을 상상하는 것은 그렇게 쉽지 않다. 그러나 현실적으로 세계에는 '녹색'이나 '왼쪽'에 대응하는 말이 없는 언어가 많이 존재한다는 것이다.

삼성당三省堂의 『언어학 대사전』에서는 세계에는 8,000개 이상의 언어가 있다고 기술하고 있다(단, 어떠한 기준으로 언어의 변형을 동일 언어의 방언이라 하거나, 다른 언어로 간주하거나 하느냐에 따라, 이 숫자는 크게 달라질 것이다). 지금까지의 조사에 의하면, 언어에 따른 말의 사용 방법, 더욱 정확하게는 '말에 의한 세계의 분할 방법'은 상상할 수 없을 만큼 다양하다고 한다. 어느 정도로 다양한가 하는 이야기는 제1장에서 더 상세하게 하고, 그전에 '말이 세계를 분할한다'라는 것에 대해서, 조금 더 설명하기로 하자.

말은 세계를 분할한다

말이라는 것은, 세계를 카테고리로 나눈다. (언어학에서는 '범주'라는 용어를 사용하지만, 이 책에서는, 더욱 일반적인 '카테고리'라는 말을 사용하기로 한다. 우선 여기에서는, '카테고리란 같은 종류인 사물의 집합이다'로 정의해 두겠다. 단 '같은 종류'란 무엇인가라는 것은, 이것 역시 매우 어려운 문제이다. 이 문제에 관해서는, 지금부터 이 책의 곳곳에서 언급해 가겠다.) 예외는 고유명사로, 고유명사는 카테고리가 아닌, 개인, 개체의 이름이다.

여기에서 잠깐, 모든 말이 고유명사였다면 어떻게 될 것인지를 생각해보자. 그러면 '고양이'라든가 '토끼' 같은 말은 없어지고, '포치', '타마', '미케', '타로' 등, 하나하나의 개체를 가리키는 말밖에 남지 않는다. 즉, 고양이인 '미케'도, 토끼인 '미피'도 모두 똑같이 다루어져, 개체로서 구별할 수밖에 없다는 것이다. 이러한 사태를 생각하면, 카테고리를 가리키는 말, 즉 '고양이'나 '토끼'와 같은 말이 얼마나 중요한지를 알 수 있다.

'고양이', '토끼', '사과' 등의 말은 '같은 종류인 사물의 집합'인 카테고리를 가리킨다. 개체의 이름이 아닌, 카테고리의 이름을 가지는 것의 이점은 무엇인가. 그것은 개체 레벨에서의 무수한 특징 — 예를 들면, 이 개체는 꼬리가 조금 짧고, 털에 얼룩이 있다, 살쪘다, 한쪽 귀가 처져 있다, 등의 특징 — 으로 구별하는 것이 아니라, 무한히 존재하는 개체를 의미가 있는 묶음으로 정리해서, '같은 것'에 공통의 특징만을 문제 삼아 세계를 정리할 수 있는 것이다.

그런데, '카테고리'라고 하면, 일반적으로는 '사물 카테고리'만을 생각하기 쉽다. 그러나 말이 가리키는 카테고리는 사물에 한정되지 않는다. 예를 들면, 사람이 행하는 동작은 무한하다. 그중에서, 우리는 '달리다', '걷다', '뛰다', '나르다', '메다·짊어지다', '두다', '넣다' 등 여러 가지 동작을 어떤 의미 기준에 따라서 한데 묶어 카테고리를 만들고, 그것에 동사라는 라벨을 붙이고 있다. 즉, 여러 상황에서 행해지는 무한하게 존재하는 동작을 동사에 따라 카테고리화해서 정리하고 있다.

다음으로 사물과 사물의 공간상의 위치 관계를 말이 어떻게 표현하는지에 관해 다시 생각해 보자. 여기에서도 또다시, 무한히 존재하는 사물끼리의 공간상의 위치 관계를 말이 카테고리로 한데 모아, 정리하고 있는 것을 알 수 있다.

사물 A가 사물 B의 '앞에 있다', '뒤에 있다', '옆에 있다', '왼쪽(오른쪽)에 있다', '위에 있다', '아래에 있다', '안에 있다' 등의 표현을 생각해 보자. 여기에 있어서, 사물 A, 사물 B는 무엇이라도 좋다. 사람이라도, 동물이라도, 가구라도, 도구라도 상관없다. 두 개의 사물이 놓여있는 장소도 어디라도 좋다. 앞에서 나열한 표현에서는 두 사물 사이의 거리도 관계없다. 요컨대, 언어는 3차원 공간상에 무한히 존재하는 두 사물의 위치 관계를, 매우 한정된 수의 '위치 관계의 카테고리'로 구분하여 정리하고 있다.

우리가 '보고 있는' 세계

여기에서 소박한 의문이 생긴다. 우리가 '보고 있는' 세계는, 말이 분할하는 세계 그 자체일까. 아니면, 말이 분할하는 세계는 우리가 '보고 있는' 세계와는 다른 것일까. 이것은 생각해 보면, 상당히 심오한 문제이다.

세계에는 매우 많은 수의 언어가 있고, 세상을 어떻게 분할할 것인가는 언어에 따라 크게 다르다. 만약 우리가 말을 통해서 세상을 '보고 있다'라고 하면 — 요컨대, 우리가 보고 있는 세상이 말이 분할한 세상 그 자체라면 — 다른 언어를 말하는 사람들은 세계를 보는 견해나 사고의 자세가 아주(혹은 전혀) 다를 것이다.

사고思考란

그런데 '사고'라는 말을 꺼냈으니, 이 책의 키워드가 되는 '사고'와 '인식'이라는 말이 무엇을 가리키는지를 처음에 분명히 해두는 편이 좋겠다. 심리학이나 인지과학, 뇌 과학 등, 사람의 마음의 작용을 밝히고자 하는 연구에서, 가장 흔히 쓰이는 말은 '사고'와 '인식'이다. 그러나 한편으로 이들 말만큼 사람에 따라 파악하는 방법이 다른 말도 없다.

독자의 대다수는 '사고'라는 말을 들으면, 차분히 궁리, 숙고하는 것으로 생각하는 것은 아닐까. '사색'에 가까운 이미지일지도 모른다. 그러나 심리학에서 '사고'라 하면, 그것보다도 상당히 넓은 의미로 사용된다. 심리학에서는, '사고'는 사람이 마음속에서(즉 뇌에서) 행하는 인지 활동 전부를 가리키는 것이다. 자동판매기 앞에서 A사의 캔 커피와 B사의 캔 커피 중 어느 것을 살지 결정하는 것은 훌륭한 '사고'이다. 그러나 심리학에서는 이러한 의식을 동반한 인지 프로세서뿐만 아니라, 사물이나 혹은 눈앞에 벌어진 상황을 보고, 본 것을 이해하고, 이해한 것을 기억하는, 사람이 무의식중에 행하는 '인식' 행위도 포함해서 포괄적으로 '사고'라고 부른다. 이 파악 방법을 취하면, 말을 시작하기 전의 유아도, 말을 하지 못하는 사람 이외의 동물도, 훌륭히 '사고'하는 것이 된다.

인식認識이란

'인식'이라는 말은 '사고'보다도 전문적인 느낌이 있을지도 모르겠다. '인식하다'라는 동사를 영어로 번역하면 문맥에 따라 know, realize, recognize, perceive, construe, appreciate라는 말이 대응하고, '알다', '깨닫다', '알아차리다', '지각하다', '해석하다', '이해하다' 등의 말로 번역된다. 이들은 언뜻 보기에 다른 의미를 지니는 말인 것 같지만, 사람이 무의식적으로 일상생활 속에서 하고 있는 것 — 눈으로 보고, 귀로 듣고, 손으로 만지고, 그것을 기억하고, 그것을 생각해 낸다, 라는 일련의 프로세스 — 안에서는 거의 같은 의미인 것이다.

예를 들어, 당신이 커피를 끓이기 위해 자신의 개인 컵을 찾고 있다고 하자. 찬장을 열어보면, 여러 종류의 식기들이 들어있고 그중에 컵이 몇 개인가 있다. 그중 하나가 당신의 컵이며 그것을 발견하고, 집는다. 그때 당신은 컵이라는 것이 어떤 것인지 알고 있고, 더욱이 자신의 개인 컵이 어떤 것이라는 것도 알고 있다고 해도 좋다. 기억 속에 그 정보는 있다.

한편, 당신은 지금, 찬장에 정리된 것을 하나하나 '본다'. '보는' 동시에 어떤 것은 컵이고, 어떤 것은 접시, 어떤 것은 볼인 것을 안다. 즉 찬장 속에서 당신이 본 것을 컵, 접시, 볼로 '인식'하는 것이다. 당신은 더욱이 자신이 찾고 있는 컵을 다른 컵과 같은 컵으로 인식하면서도, 다른 컵과 구별하여 '내 컵'으로서 인식하는 것이다. 윈도쇼핑을 하며 유리 너머로 처음 본 것을 그 형상으로 '가방'이라고 인식하기도 하고 '모자'라고 인식하기도 한다. 그 사물 자체는 처음 본 것으로 기억에 없어도, 기억에 있는 모형에 의해 새로운 사물을 '가방', '모자', '컵', '접시' 등이라고 인식한다. 즉 일상적으로는 '본다'라는 것은 '그것이 무엇인지 안다' 즉 인식한다는 것과 같은 뜻이다.

'그것이 무엇인지 안다'라고 말할 때의 '무엇인지'란, 사물이 무엇인지 아는 것에 한정되는 것은 아니다. 예를 들어, 어떤 접시는 '빨갛다', 어떤

볼은 '노란색', 내 컵은 '녹색'이란 것을 알고 있다. 또한 컵이나 접시는 찬장의 '가운데 칸에 있다'는 것을 알고, 컵은 식기의 '왼쪽'에 놓여있는 것을 알고 있다. 내 컵은 컵 종류의 '왼쪽 끝'에 놓여있는 것을 알고 있다. 이것들은 모두 '인식'이라고 하는 것이다.

인식의 범위는, 물론 눈으로 본 것에 한정되지 않는다. 소리가 무슨 소리인지를 알고, 손에 닿는 촉감이 무슨 감촉인지 안다는 것도 인식이다. 게다가, 직접 감각적으로 지각할 수 있는 것만이 인식의 범위인 것도 아니다. 어떤 것의 선악을 안다는 것은 선악의 판단이 선다는 것이다. 이쯤 되면 '인식'과 '사고'의 의미는 상당히 겹쳐진다. '인식하다'는 '사고하다'에 포함될 것이다. 다만, '인식'과 '사고'의 경계는 그렇게 명확하지 않다. 이 책에서는, 두 용어를 빈번히 사용하겠지만, 그 분류는 그렇게 엄밀하지 않다고 생각하면 좋을 것이다.

심리학으로부터의 접근

앞에서 '인식하다'란 '○○인지 안다'는 것이라고 설명했다. 그런데 지금까지 '○○인지 안다'라고 하는 경우의 ○○는 모두 말이었다. 우리는 무엇인가를 보면 동시에 '○○'라고 안다. 여기에서 서두의 문제로 돌아가자. 그 ○○라는 것은 말 그 자체일까. 우리는 말을 사용하지 않고 (망막에 시각 정보로 들어왔다는 의미로) '봤다' 무엇인지를 '안다'인 것일까. 또, 말을 하지 못하는 동물이나 인간의 아기가 '아는 방법'과 우리 인간 성인의 '아는 방법'은 같은 것일까.

세계의 여러 언어에서 세상을 분할하고 있는 방법이 일본어에서 우리

가 당연하게 생각하고 있던 분할 방법과 얼마나 다른지를 소개한 서적은 지금도 많이 존재한다. 언어의 차이에서부터 각각의 언어를 말하는 사람(이 책에서는 '화자'라고 칭함)들의 세계관의 차이, 문화의 차이를 날카롭게 고찰한 명저는 너무 많아서 일일이 셀 수가 없다. 예를 들면 긴다이치 하루히코金田一春彦 씨의 『일본어 신판』에서는, 도이 다케오土居健郎 씨나 하가 야스시芳賀綏 씨가 일본어다운 어휘로서 고찰한 '아마에루甘える, 응석 부리다', '케나게けなげ, 씩씩함', '이사기요이いさぎよい, 맑고 깨끗하다' 등의 예를 들고 있다. 제2장에서 상세하게 소개할 벤자민 리 워프Benjamin Lee Whorf나 죠지 레이코프George Lakoff 같은 언어학자들도 언어에서 세계를 분할하는 방법이 그 언어의 화자를 지배하는 무의식 사고패턴의 반영이라고 논하며 다른 언어 간의 다른 세계 분할 방법은 '번역 불가능'이라고 말하고 있다.

그러한 논의들은 매우 깊은 통찰이 넘치고 흥미롭지만 정말로 언어 간의 차이가 사고의 차이를 반영하는 것인지, 언어의 차이와 사고의 차이를 같은 뜻으로 다룰 것인지의 여부는 과학적인 실험의 결과가 뒷받침된 것은 아니었다. 또 '사고의 차이'라고 하더라도 매우 막연한 것이었다.

언어와 사고의 관계에 대해서는 지금까지 대부분 문화인류학이나 언어학의 연구자에 의해서 언어가 다른 화자의 사고는 다른가 하는 관점에서 논의됐다. 그러나 최근에는 인지심리학이나 발달심리학에서 이 문제에 대한 또 다른 단면에서의 접근법이 주목받고 있다.

예를 들면, 아이의 지성 발달 관점에서는 언어를 학습함으로써 아이의 지식에 어떠한 변화가 있는가, 혹은 아이가 하는 추론에 언어는 어떠한 영향을 미치는 것인가. 앞에서 잠시 언급했지만, 예를 들어, 말을 학습하기 전의 아기는 사물을 보고 그것을 어떻게 '아는' 것일까. 언어를 사용할 수 있는 우리 성인의 '아는 방법'과 다른 것일까. 말의 학습이 아기가 세상을 보는 방법, 사물을 생각하는 방법을 어떻게 바꾸는 것일까.

인지심리학의 관점에서는 예를 들어, 이렇게 질문할 수 있다. 신호등의 '진행' 색을 우리는 '파랑'이라고 부른다. 미국인은 '녹색'이라고 부른다. 엄밀히 말해서, 우리 일본인은 정말로 신호등의 색을 '파랑'이라고 간주하고, 미국인은 '녹색'이라고 간주하는 것일까. 바꿔 말하자면, 신호의 색을 일본인과 미국인은 '다른 색'으로서 인식하고 있는 것일까.

이 책에서 전하고 싶은 것

이 책은 '언어가 다른 화자는 세상을 보는 방법도 다른가'라는 지금까지의 질문을 실험에 의한 데이터에 근거해 과학적인 시점에서 다시 생각해 보는 것이다. 동시에 말을 학습함으로써 아이의 지식이나 사고방식이 어떻게 바뀌는가, 우리 성인이 사물을 지각하는 방법, 기억, 추론, 의사결정에 말의 존재나 사용법은 어떠한 영향을 미치는가, 라는 발달심리학, 인지심리학, 뇌 과학의 관점을 곁들여서, 사람에게 있어서 언어는 어떠한 존재인가, 라는 문제에 관해 새로운 시점에서 접근한다.

이 책의 흐름을 이야기하면, 제1장에서는 언어가 세계를 어떻게 분할하고 있는지, 그 다양성을 여러 언어를 예로 들어서 소개한다. 제2장에서는 언어가 다른 화자의 인식이 언어의 분할 방식을 그대로 반영하고 있는지, 언어가 다른 화자의 인식과 사고가 어느 정도로 어떻게 다른지에 관해서 기술한다. 제3장에서는 언어의 다양성의 이면에 어떠한 보편적인 규칙성이 있는지를 기술한다. 제4장에서는 역시 여러 실험을 소개하면서 아이의 발달과 언어의 관계에 대해서 생각한다. 제5장에서는 우리의 일상적 사고가 얼마나 언어와 깊은 관계에 있는지를 기술하고, 애초에 언어가 없는 사고란 있을 수 있는가, 라는 시점에서 언어와 사고의 문제를 논의한다. 그리고 마지막 장에서는 언어가 다른 화자는 서로 이해할 수 있을까, 라는 문제를 외국어 학습과 '이중 언어 사용자bilingual'의 사고라는 관점에서 한 번 더 생각해 본다.

앞에서도 언급했지만, 지금까지도 언어와 사고의 관계를 다룬 저서는 많다. 그러나 그들 대부분이 언어와 문화의 분석에 의한 것으로, 언어가 다르면 사고가 다른가, 라는 문제를 둘러싸고, 가부 또는 흑백이라는 관점에서 논의가 전개되어 있다.

하지만, 아이의 발달을 연구하는 입장에서, 언어가 아이의 사고 형성에 매우 큰 역할을 완수하는 것, 더욱이 언어가 인간이라는 종을 그 이외의 동물과 크게 차별화시킨다는 것을 알게 되었다. 이것은 단순히, 인간만이 철학이나 수학 등의 추상적인 사고를 할 수 있다는 것은 아니다. 사물을 보고 기억하는 방법, 공간 안에서 사물을 찾을 때의 탐색 방법, 공간 장소의 기억 방법 등이 크게 다른 것이다.

이 책에서는 일상적으로 우리가 행하는 활동 — 요컨대 보다, 듣다, 이해하다, 기억하다, 그곳에 없는 정보를 추론으로 보충하는(예를 들면, 행간을 읽는다) 것 — 에 초점을 맞춰서, 언어가 우리 인간의 일상적인 사고에 어떠한 작용을 하고, 지성의 형성에 어떻게 관여하고 있는가, 하는 독자적 시점을 도입하고 싶다. 그것을 통해서 오랫동안 지속하고 있는, 인간에게 있어서 큰 관심사, 즉, 사고와 언어의 관계라는 문제에 새로운 틀, 새로운 사고방식을 제시하고 싶다.

그런데, 이 책에서는 '말'과 '언어'라는 단어가 자주 나온다. 일본어는 '말'이라고 하는 단어가 '말' 본래의 의미, 즉 영어에서 말하는 word라는 의미로 사용되는 경우와 '언어' 즉 language라는 의미로 쓰이는 두 가지의 경우가 있다. '언어'라는 말을 사용할 때도, 때때로 language가 아닌, word의 의미로 사용되는 경우가 있다. 이 책에서는 '말'이라는 단어를 사용할 때에는 word, '언어'라고 할 때는 language라는 본래의 의미로 2개의 단어를 구분할 생각이지만, 때로는, 양쪽 모두의 의미로 사용하는 경우도 있어서, 깔끔하게 가려 쓸 수 없는 경우도 있으리라 생각한다. 이 점을 이해해 주길 바란다.

제1장

언어는
세계를
분할한다

그 다양성

서장에서 말한 것처럼, 말은 세계를 분할하고 정리한다. 말에 의한 세계의 구분법은, 상상하기 어려울 만큼 다양하다.

　일본어를 외국어로, 또는 외국어를 일본어로 번역한 경험이 있는 사람이라면 일본어의 어떤 단어를 외국어로 번역하려고 했을 때, 또는 그 반대의 경우, 자연스럽게 대응하는 하나의 단어를 찾아내는 것이 상당히 어렵다는 것은 자주 경험하리라 생각한다. 그러나 우리에게 아주 친숙한 영어, 독일어, 프랑스어, 중국어, 한국어 등만이 아니라, 거의 배울 기회가 없는, 또는 그 존재조차 알지 못하는 많은 언어를 포함했을 때 각각의 언어는 세상을 어떠한 관점에서, 어떻게 분할하고 있을까.

　이 책에서 지금부터 언어와 사고의 관계에 관해서 설명하기 전에, 우선 언어에 의한 세계의 분할 방법이 얼마나 다양한가에 관하여 그 일부분을 소개하겠다.

색의 이름

색의 기초명

우선 시작으로 색의 이름을 생각해 보자. 일본어에는 색의 이름이 얼마나 있을까. 애초에 색의 이름을 셀 때, 어떤 색을 '일본어의 기본적인 색이름'으로 하면 좋을까. 세계에는 색이름이 넘쳐난다. 일본어에서 '기본적인 색'의 수를 하나하나 세는 것이 어려운 것은 외래어가 많이 쓰여 일상어가 된 것이 하나의 요인이다. 예를 들어, 핑크, 오렌지, 아이보리, 베이지 등은 색의 '기본적인 이름'일까. 여기에서 색의 '기초명'에 관해 정의해 둘 필요가 있다.

우선, 색의 '기초명'은 '청록'이라든지 '황록' 같은 복합어가 아닌, 그 이상 나눌 수 없는 단일체로 존재하는 말이라고 생각한다. 또 '하늘색', '물색' 등과 같은 사물의 이름에서 딴 것이 아닌, 사물의 이름과 상관없이 존재하는 이름이다. 나아가, '이것은 무슨 색이야?'라는 질문을 받았을 때, 그 언어를 모어로 하는 사람의 대부분이 '○○'라고 대답할 수 있는 말이어야 한다.

그러나 무엇보다 중요한 것은 그 말이 다른 기초 어휘에 포함되는 특수한 색이 아닌, 서로 대비적인 색이라고 생각할 수 있어야 한다. 우리가 '핑크'나 '오렌지'라고 부르는 말은 외래어이다. 특히 '오렌지'는 과일인 오렌지의 색이므로 앞에서 언급한 기준에서는 기초명이 아니라고 생각될지도 모른다. 그러나 우리가 '오렌지색'이라고 부르는 색을 보이고 일본어가 모어인 사람에게 '이것은 빨강입니까?', '이것은 노랑입니까?'라고 묻는다면, 대부분의 사람은 '아닙니다, 오렌지색^{또는 주황색}입니다'라고 대답할 것이다. 그렇다는 것은 오렌지색^{주황색}은 빨강이나 노랑과 구별되는 기본적인 색으로서 다루어지는 것이다. 핑크도 마찬가지로, '빨강입니까?'라고 질문을 받는다면, '아닙니다, 핑크^{또는 복숭아색}입니다'라고 대답할 사람이 대부분일 것이다. 이러한 의미에서 핑크나 오렌지는 이미 일본어의 색의 기초명이라고 생각해도 좋을 것 같다.

그러나 같은 외래어라도 아이보리는 흰색의 일부, 베이지는 갈색의 일부라고 생각하는 사람이 많다. 그 점에서, 아이보리나 베이지는 색의 기초명이 아니다. 일본어 고유의 색이름인 '베니^{紅, 주홍}'는, 식물인 '베니 하나^{잇꽃}'의 색이지만, 현재의 일본어 화자는 '베니'는 '빨강'과 대비적으로 사용되는 것이 아니라, '빨강'의 일부라고 생각하는 사람이 많을 것이다. 따라서 '베니'도 기초명이 아니다.

영어에는 11개의 '기초명'이 있다고 한다. 검정, 흰색, 회색, 빨강, 노랑, 녹색, 파랑, 핑크, 보라, 오렌지, 갈색이다. 그렇다고 한다면, 일본어의 기초명도 영어와 대체로 같다고 생각해도 좋을 것 같다.

무릇 색이라는 것은, 조금씩 변화하는 연속적인 띠와 같은 것이다. 우리는 그것을 말 또는 카테고리로 구분하는 것이다. 토마토의 색, 소방차의 색, 딸기의 색은 어느 것도 완전히 같은 색은 아니지만, 우리는 모두 '빨강'이라고 부른다. 나뭇잎의 녹색과 보석인 에메랄드의 색도 상당히 다르지만, 우리들은 그것을 다 같이 '녹색'이라고 부른다. 바다의 색과 하늘의 색도 실제로는 상당히 다르지만, 양쪽 모두 우리는 '파란색'이라고 부른다. 가만히 생각해 보면, 바다나 호수의 색은 파랑이라기보다 녹색일지 모른다고 생각되지만, 일반적으로는 '파랑'이라고 하는 것 같다.

먼셀 컬러 시스템

애초에 우리는 색을 어떻게 객관적으로 나타낼 수 있을까. 미국의 화가이면서 미술교육자인 먼셀은, 색채를 색상, 명도, 채도라는 세 개의 속성에 기초하여 나타내는 먼셀컬러시스템Munsell color system을 만들었다. 색상이란 색조를 나타내는 속성으로, 10개의 색상을 기본으로 하고, 하나하나의 색상을 다시 10개로 나눈다. 명도는 밝기를 나타내는 속성으로, 색상과는 관계없이 백색에서 회색을 걸쳐 검정에 이르는 무채색을 기준으로 하여 이상적인 검정을 0, 이상적인 백색을 10으로 하여 지각적으로 균일한 간격으로 분할하여 나타낸다. 채도는 선명함을 가리키는 속성으로, 그 색 안에 순색純色 성분을 포함하는 정도를 나타낸다. 무채색을 0으로 하고, 순색과 혼합해서 그 혼합비율을 높일수록 색은 선명해진다.

먼셀 시스템에서는, 이 세 가지 속성의 기호와 수치를 사용해서 색을 표현한다. 예를 들어, 색상이 5G녹색의 색상 중심, 명도가 6, 채도가 8인 색은 '5G 6/8'이라고 나타낸다. '옅은 파랑'이나 '노르스름한 녹색' 등의 색이름에서는 원래 언어에 따라 색의 이름이 있기도 하고 없기도 하므로 정확히 색을 전달하는 것이 어렵지만 이처럼 알파벳과 수치로 표현함으로써 언어에 의지하지 않고 객관적으로 색 정보를 전달할 수 있다. 그래서 색 지각에 관한 연구의 상당수는 대부분, 이 먼셀 시스템에 의하여 색을 정의하고 있다.

이와 관련하여, 책 첫머리의 〈화보 1〉의 상단은 원래라면 먼셀의 3요소에서 비롯하는 시스템도를 평면적으로 나타낼 수 있도록 이차원으로 표시한 것이다(캘리포니아대학 버클리캠퍼스 "World Color Survey" 데이터 아카이브의 그림을 변경). 이 때문에 본래의 먼셀 기호 자체와 똑같지는 않다. 세로 왼쪽 끝의 A-J는 명도를 나타내고, A는 가장 명도가 높고, 어느 색상도 거의 '백색'에 가까운 색이 된다. J는 가장 낮고, 어느 색상도 '검정'으로 보인다. (단〈그림 1〉에서는 A행과 J행의 색은 생략되어 있다.) 가로는 색상 변화를 표현하고 있다. 채도는 이차원인 이 그림에서는 잘 표현되어 있지 않다.

파랑과 녹색을 구별하지 않는 언어

앞에서 설명한 것처럼 '기초명'이라고 하는 것은 '청록'과 '황록' 같은 복합어가 아닌 단일체로서 존재하고, '이것은 무슨 색이야?'라는 질문을 받았을 때 사람이 곧바로 사용하는 말이기도 하다. 일본어와 영어는 매우 먼 언어임에도 양쪽 모두 11개 정도이니까 그들 기초명이 인류에게 공통인 색의 이름인가, 하면 그렇지는 않다.

미국 캘리포니아대학의 연구그룹이 전 세계 언어 중에서 119개의 샘플을 골라 각각의 언어가 가지고 있는 색의 기초명의 수를 조사했다. 색이름의 수가 가장 적은 것은 파푸아뉴기니의 다니라는 부족의 언어로, 이 언어에는 색이름이 2개밖에 없다. 색이름이 3~4개인 언어가 20, 4~6개인 언어가 26, 6~7개인 언어가 34, 7~8개가 14, 8~9개가 6, 9~10개인 언어는 8개였다. 10개 이상의 색이름이 존재하는 언어는 11개밖에 없었다. 즉, 일본어와 영어처럼 11개나 색이름[기초명]이 있는 언어는 소수였다. 예를 들어, 색의 기초명이 3개인 언어에서는 대충 말해서, 흰빛을

띠는 색, 우리가 빨강이라고 부르는 색에서부터 노란색에 걸친 색, 우리가 부르는 녹색·파랑·검정에 걸치는 색에 각각 이름이 붙는다.

이 조사에서, 우리가 '녹색'과 '파랑'이라고 각각 부르는 색을 다른 이름으로 구별하지 않는 언어는, 구별하는 언어보다 많다는 것을 알았다. 119개의 언어 중, '녹색'과 '파랑'을 구별하는 언어는 30개밖에 없다. 한편으로, '녹색'과 '파랑'을 구별할 뿐만 아니라, 우리가 '녹색', '파랑'이라고 부르는 색을 더욱 세밀하게 기초명으로 나누는 언어도 있다. 예를 들면 한국어에서는, 황록을 '연두', 녹색을 '초록'이라는 2개의 기초어를 사용하여 '다른 색'으로서 다루고 있다.

러시아어나 그리스어는 일본인이 '파랑'이라고 부르는 색의 범위를 2개의 기초명으로 구별하고 있다. 실은, 일본어도 마찬가지로 검정에 가까운 짙은 파란색을 '감紺색'이라고 부른다. '감색은 파랑의 일부인가'라고 하는 것은 미묘한 문제이지만, 상당수의 일본인은 짙은 파랑은 '파랑'이 아닌 '감색'이라고 대답하는 것은 아닐까.

기초명의 수가 같다면, 색의 띠가 완전히 같은 장소에서 똑같이 분할되고, 각각의 언어에서 이름을 붙이는 영역이 완전히 똑같은가 하면 그렇지도 않다. 남서 아프리카의 한 언어인 힘바Himba라는 언어와 파푸아뉴기니 언어의 하나인 베린모Berinmo라는 언어에서는 둘 다 색의 기초명은 다섯 개다. 그러나 책 첫머리 삽화〈그림 1〉에서 알 수 있듯이, 두 개의 언어에서 다섯 개의 색 카테고리의 경계는 크게 어긋나 있다. 두 언어 모두 일본어에서 우리가 '녹색', '파랑'이라고 구분해서 말하는 부분을 크게 걸치는 말(힘바에서는 브로우burou, 베린모에서는 놀nol)이 있지만, 베린모의 놀 쪽이 힘바의 브로우보다도 카테고리가 넓다. 힘바의 덤부^{dumbu}라고 불리는 색은, 브로우에 인접해, 일본어 화자가 노란색, 주황색, 갈색, 녹색이라고 부르는 부분의 일부에 각각 걸치는 넓은 영역을 커버하는 말로서 베린모에서는 그 범위에 해당하는 말이 없다.

결국, 얼마만큼 세밀하게 색을 나누고, 각각을 '다른 색'으로써 구별할 것인가는 언어에 따라 상당히 다른 것이다.

영어의 '오렌지색'이란?

두 개의 언어 간에 언뜻 대응하는 것처럼 생각되는 색이름이 있더라도 그 말이 가리키는 범위가 같다고는 할 수 없다. 예를 들면, 앞에서도 언급했지만, 신호의 '진행' 색을 일본어에서는 '파랑'이라 하고, 영어에서는 '녹색'이라 한다. 이것은 일본어에서의 '파랑'과 '녹색'의 경계와 영어에서의 blue와 green의 경계가 다르기 때문일 것이다.

스즈키 다카오^{鈴木孝夫} 씨가 『일본어와 외국어』에서 매우 흥미로운 얘기를 하고 있다. 영국인^{영어 화자}이 '오렌지'라고 말할 때, 항상 일본인이 생각하는 '오렌지색' 또는 '주황색'과 같은 색을 가리키는 것은 아니다. 예를 들어, orange cat이라는 것은 일본인이 생각하는 것처럼 선명한 오렌지색이 아니라, 어떻게 봐도 밝은 담갈색으로 밖에는 보이지 않는 고양이를 말한다. 영어 화자에게도 홍당무는 '오렌지색'이기는 하지만, 밝은 담갈색도 '오렌지색'인 것이다.

스즈키 씨에 의하면, 프랑스어에서는 일본어로 '차 봉투'라 부르는 것을 '노란 봉투'라 부른다고 한다. 프랑스인에게 노란색의 범위는 일본인보다도 넓고 일본인이 (담)갈색이라고 부를법한 색의 범위까지 '노란색'이 되는 것 같다. '파랑'과 '녹색'을 구별하지 않는 언어, 두 개의 색이름밖에 없는 언어가 있다는 것은 놀랍지만, 그것보다 익숙한 언어에서도 당연히 같다고 생각했던 색 어휘의 사용법이 상당히 다른 경우가 있다는 것이다.

사물의 이름

이번에는, 말이 사물을 어떻게 나누는가에 대해서 소개하겠다. '말'이라고 하면, 맨 처음 떠오르는 것은 사물의 이름일 것이다. 우리는 사물을 그 이름으로 부르고, 같은 이름으로 불리는 것을 '같은 사물'로 간주한다. 그러면 사물의 이름은 다른 언어 간에 얼마나 다양성이 있을까. 예를 들어, 일본어에서 'ウサギ토끼', 'イヌ개', 'クマ곰', 'リンゴ사과', 'バナナ바나나' 등으로 부르고 있는 여러 말들은 세계의 여러 다른 언어에서 음은 달라도 같은 카테고리를 가리키는, 즉 '같은 의미를 지니는' 말로서 존재하는 것일까.

예를 들면, 동물의 이름(개체의 이름이 아닌, 동물 종의 이름)을 붙이는데, '큰 동물'과 '작은 동물'이라는 두 개의 종류를 구별할 뿐, 그 외의 구별을 하지 않는 — 예를 들어 '쥐'와 '토끼'를 구별하지 않는다 — 언어는 존재할까. 혹은 '말馬'을 농경용 말, 경주용 말 등에 따라 자세하게 구별하고, 완전히 다른 이름을 붙여서 마치 농경용 말과 경주용 말이 다른 생물인 것처럼 구별하는 언어는 존재할까.

'기초어基礎語'의 정의

여기에서 '다른 이름'이란 무엇인지, 한마디 언급해둘 필요가 있다. 앞에서 색의 이름에 대해서 말했을 때, 색의 '기초명'이란 무엇인가에 관해 말했지만, 중요한 부분이므로 다시 설명하겠다.

일본어에서도 '농경마農耕馬', '경주마競走馬', '망아지仔馬', '암말雌馬' 등, 말을 상세하게 나눈 말은 있다. 그러나 이들 어디나 '말馬'이라는 단어가 포함되어 있다. 즉, '말'과 다른 단어의 조합으로 이루어져 있다. 바꿔 말하면, '농경마'는 '농경'과 '말'이라는 두 개의 단어로 이루어진 복합어이다. 그에 비해, '개', '소', '말', '토끼' 등의 단어는 그 이상, 단어의 단위로 나눌 수 없는 하나의 형태소(의미를 지니는 최소의 언어 단위)인 말이다.

즉 여기에서 '다른 이름'이라는 것은, '농경마'와 '경주마'처럼 구별되는 방식이 아닌, '소'와 '말'처럼 서로 어간을 공유하지 않는 단일 형태소로 표현되는 단어라는 의미이다. 그리고 '소', '말' 같은 단일 형태소로 표현되고, 그 언어의 화자에게 '이것은 뭐지?'라는 질문을 했을 때 가장 자연스럽게 나오는 말을 '기초어'라고 부른다.

세분화되는 기초어

언어가 그 화자에게 매우 중요한 것에 대해서는 상세하게 이름을 구별하고 있다는 것은 잘 알려져 있다. 예를 들어, 캐나다, 미국 북극권의 원주민족의 언어인 이뉴잇Innuit어에서는, '눈雪'의 종류에 따라, 그 호칭이 20가지 이상이 있다고 한다. 각각의 호칭은 '○○눈'과 같은 복합어가 아닌 단일 형태소의 독립어이다. 눈을 가리켜 아이가 '이것은 뭐야?'라고 묻는다면, 일본인은 그저 '눈이야'라고 대답할 것을, 아이가 가리키고 있는 눈의 종류에 따라 20가지 이상이나 되는 다른 말 중에서 가장 적절한 단어를 골라서 대답한다.

마찬가지로, 몽골 유목 민족에게는 말馬이 생활에 있어서 매우 중요한 동물이기 때문에 말의 종류(품종이 아닌, '새끼가 있는 암말', '성년인 수말' 등)에 따라 복수의 단일 형태소의 단어가 있고, '말'이라는 일반적인 레벨의 단어는 사용하지 않는다고 한다. 가까운 예로 일본어에서는 '벼稻', '쌀米', '밥飯'으로 구별하는 것을 영어에서는 모두 rice로 끝내 버린다.

구분방식 자체가 다르다

언어에 따라서는, 문화상의 중요성에 의해 매우 세밀한 분류 방식을 따른 각각의 기초어가 있다고 했지만, 기초어가 가리키는 범위 자체가 크게 다른 경우도 있다. 예를 들면 용기 이름이다.

통조림이나 잼 등의 보관 식품이나 약, 음료수, 과자, 시럽류 등을 넣는 일상생활에서 항상 보는 무수한 용기를 우리는 어떤 이름으로 부를까. 영어에서는 jar, bottle, jug, container, can, box 등의 말을 사용한다. 중국어는 핑瓶, 통桶, 콴罐, 후우盒, 쿠안管 등의 말을 사용한다. 스페인어는 더욱더 세밀하게 frasco, envase, botella 등을 시작으로 15개 정도의 이름으로 구별한다. 일본어는 어떨까. 색이름의 경우와 마찬가지로 일본어는 외래어가 정착되어 무엇이 기초어인지 잘 모른다. 예전부터 있던 병, 캔, 상자 등의 말에 더해 최근에는 가타카나어로 보틀, 쟈, 타파, 박스 등도 쓸지도 모른다.

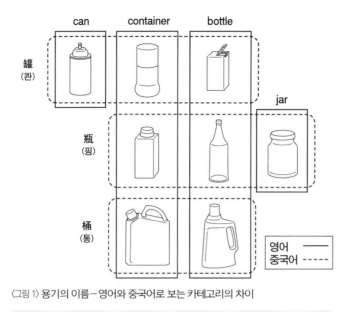

그러나 다른 언어 간에는 다양한 종류의 용기에 사용하는 말의 수뿐만 아니라, 각각의 말에 따라 나누어지는 카테고리 자체도 크게 다르다.

〈그림 1〉은 영어와 중국어로, 여러 가지 모양, 기능을 가진 용기에 대해서 어떻게 이름을 붙였는지를 나타낸 것이다. 언뜻 봐도 알 수 있듯이 중국어와 영어는 용기 이름의 카테고리가 크게 다르다.

중국어의 '핑瓶'은, 영어를 모어로 하는 미국인이 jar라고 부르는 것에다, bottle이라고 부르는 것의 일부, container라고 부르는 것의 일부가 포함된다. '콴罐'은 can에 대응한다고 생각했으나, 영어에서 can이라고 부르는 모든 것이 포함되는 것은 아니고, bottle이라고 부르는 것, container라고 부르는 것의 일부도 포함하는 상태이다. 일본어에서는 이들 용기를 어떤 식으로 구분하여 부르고, 영어, 중국어와 어떻게 다른 카테고리로 분류하는가를 분석하는 것은 독자에게 맡기고 싶다.

문법이 나누는 세계

지금까지 이름^{명사}에 따라 언어가 사물을 어떻게 분류하고 있는지를 말해 왔지만, 사물을 카테고리로 분리하는 것은, '토끼'나 '컵' 같이 물건에 직접 붙이는 이름만은 아니다. 세계의 언어 중 대부분은 명사를 문법에 근거해 다시 카테고리로 나누고 있다.

독일어, 이탈리아어, 프랑스어 등의 유럽계 언어를 배운 적이 있는 사람은, 이들 언어가 명사를 '문법적 성文法的性'에 따라 나누는 것을 알고 있을 것이다. 우리는 물건을 셀 때 '조수사'를 사용한다. '바나나 1개', '사과 1개', '자동차 1대'라고 말할 때의 '개', '대' 등이다. 문법적 성이든 조수사든 사물(엄밀하게 말하면 사물의 이름인 명사)을 문법에서 정한 카테고리로 분류한 것이다. 그렇다고 해도 이렇게 말하는 것만으로는 막연해서 알기 힘들다고 생각되기 때문에 문법적 성, 조수사에 대해서 조금 더 자세히 설명하려 한다.

성性으로 나누는 세계

'문법적 성grammatical gender'의 '성젠더'이라는 것은, 물론 '남성', '여성'이라는 생물학적인 성에서 유래한다. 다만, 문법적 성의 '성'이 항상 남성, 여성이라는 두 종류이고, 항상 이 둘 중 어느 쪽인가의 카테고리로 명사를 나누는가 하면 그렇지는 않다. 이탈리아어나 프랑스어는 남성, 여성이라는 생물학적인 성과 같은 두 개의 카테고리로 나눈다. 그러나 언어에 따라서는 남성, 여성 외에 제3, 제4의 성 카테고리가 있는 경우도 있다.

예를 들어, 코카서스 지방의 고도베리Godoberi라는 언어에서는 '아버지', '할아버지', '아저씨' 등, 인간이고 남성을 나타내는 명사는 남성 카테고리, '어머니', '할머니', '아주머니' 등은 여성 카테고리이다. 그리고 그 외의 명사, 즉 동물이나 식물, 무생물은 모두 제3의 카테고리중성에 들어간다. 이 분류 방법은 매우 알기 쉽다. 덧붙여 말하면, 사람의 아이는 제3의 카테고리에 속한다. 이 언어뿐만이 아니라, 성 문법이 있는 언어의 대부분에서 사람의 아이는 중성으로 취급된다. 성인이 아닌 아이는 성별을 가지지 않는다고 언어적으로는 분류되는 것이다.

다만, 문법적 성이 존재하는 언어로 고도베리어와 같이 알기 쉬운 카테고리 분류를 하는 언어는 매우 드물다. 프랑스어나 이탈리아어, 스페인어는 성 카테고리가 남성, 여성 둘밖에 없어서 이것 자체는 알기 쉽지만, 그렇게 하니, 태양이라든가, 달이라든가, 책상이라든가, 의자라든가 애초에 성별이 없는 물건도 남성, 여성 어느 쪽인가의 카테고리에 들어가게 된다.

또, 동물의 경우, 수컷과 암컷이 있지만, 동물의 생물학적인 성은 문법적 성과 반드시 일치하는 것은 아니다. 그 말은, 대다수 동물의 이름은 수컷, 암컷 공통이다. (예를 들면, 영어에서는 암사자에게 lioness라고 하는 말이 있지만, 이것은 그다지 일반적이지 않고, lion이라는 말이 수사자에게도 암사자에게도 사용된다.)

문법적 성은 명사에 붙는다. 즉, '고양이', '개', '사자'라는 말이 남성, 여성 카테고리에 배정되는 이치이다. 고양이나 개는 각각 수컷과 암컷이 있기 마련이지만, 동물의 생물학적인 성에 호응해서 문법적 성이 바뀌는 것은 아니다. 예를 들면, 독일어에서는 고양이는 여성 명사이기 때문에 수컷 고양이도 문법적으로는 여성으로 취급된다. 문법상의 성은 대명사와도 연동하고 있어서, 고양이를 대명사로 나타낼 때는 '그녀'가 되는 것이다. 그것이 수컷 고양이라도!

마크 트웨인은 독일어에 대해서 다음과 같이 이야기하고 있다. "독일에서는 여자아이Mädchen는 성별이 없는데, 튤립은 성별이 있다. ……나무는 남성이고, 그 싹은 여성, 잎은 중성이다. 말은 성별이 없고, 개는 남성, 고양이는 여성…… 수컷 고양이도!"

동물이나 사물의 문법상의 성性이, 성 문법이 존재하는 여러 언어 간에 일치하는 것도 아니다. 태양은 독일어에서는 여성, 스페인어는 남성, 러시아어에서는 중성이다. 즉, 문법적 성이 있는 언어 간에도 각각의 사물을 어느 성의 카테고리에 넣는가는 언어에 따라 크게 다른 것이다.

문법적 성의 카테고리가 네 개 혹은 그 이상인 언어도 많다. 아프리카, 나이저·콩고어족에 속하는 잔데Zande어는 인간 남성, 인간 여성, 동물, 그 이외라는 네 개의 성 카테고리가 있다. 이것도 언뜻 보기에는 알기 쉬울 것 같은 분류이지만, 사실은 그렇지도 않다. 예를 들어, 달이나 태양, 별 등은 어찌 된 셈인지 '그 이외'가 아닌 '동물' 카테고리에 들어간다. 바늘, 수레바퀴 등 금속으로 만들어진 사물, 먹을 수 있는 식물고구마 등도 '동물'로 취급되는 것이다.

희한한 분류

문법적 성이 있는 언어 중에, 딜바라는 호주의 언어가 있다. 이 언어에는 네 개의 성 카테고리가 있지만, 카테고리 분류 기준은 매우 희한하다.

> 제1클래스: '바이Bayi' — 인간 남자, 캥거루, 어포섬주머니쥐, 유대류의 작은 동물, 박쥐, 뱀의 대부분, 물고기의 대부분, 새의 일부분, 곤충의 대부분, 달, 폭풍우, 무지개, 부메랑, 일부의 창
>
> 제2클래스: '바란Balan' — 인간 여자, 반디쿠트중형 유대류, 개, 오리너구리, 일부의 뱀, 일부의 물고기, 대부분의 새, 개똥벌레, 전갈, 귀뚜라미, 별, 일부의 창, 일부의 나무, 물, 불을 시작으로 한 위험한 것
>
> 제3클래스: '바람Balam' — 먹을 수 있는 열매와 그 열매를 딸 수 있는 식물, 감자류, 양치류, 벌꿀, 담배, 와인, 케이크
>
> 제4클래스: '바라Bala' — 신체 부위, 고기, 꿀벌, 바람, 일부의 창, 나무의 대부분, 풀, 진흙, 돌, 언어

딕슨Dixon이라는 언어학자에 의하면, 제1클래스의 핵심은 인간 남성과 동물, 제2클래스는 인간 여성, 물, 불에 관한 것과 싸움에 관한 것, 제3클래스의 핵심은 식물성 음식물, 제4클래스는 그 이외라는 분류라고 한다. '여성'과 '남성'이라는 두 개의 생물학적 성에서 도대체 어떻게 이런 재미있는 분류가 이루어진 것일까.

'한 자루—本', '한 장—枚'

독자는 문법적 성이 있는 언어에서 사물을 분류하는 방법이 매우 별나다 보니 깜짝 놀랐을지도 모르겠다. 그러나 일본어에도 외국인의 시선으로 보면 매우 이상하다고 생각되는 것이 있다.

일본어에서는 물건을 셀 때 '한 자루', '한 장', '한 마리' 등으로 센다. '本hon, 자루'이라든가 '枚mai, 장'는 생각해 보면 실로 잡다한 명사에 쓰인다. 예를 들면, '자루'는 연필, 포크, 오이, 바나나, 야구 배트, 철사, 전선 등 가늘고 긴 것을 셀 때 사용된다. 즉, '가늘고 긴 것'이라는 묶음 방식으로 문방구나 채소, 과일, 스포츠용품 등 실로 다양한 종류의 물건이 '本hon, 자루' 카테고리에 포함된다. 더욱이 '本hon, 자루'은 실제로는 형태가 없는 것을 가리키는 명사에도 쓰인다. 예를 들면, 전화 통화, 야구의 홈런 수, 컴퓨터 프로그램, 스포츠 짐의 트레이닝 프로그램, 유도 시합이나, 기술 수本반, 한판 등에도 쓰인다. 이것은 일본어 화자에게는 당연하게 여겨진다. 그러나 조수사가 없는 언어를 말하는 사람들에게 조수사로 사물을 분류하는 것은 '여성, 불, 위험한 것'을 함께 묶는 것과 마찬가지로 놀랍고 이해하기 어렵고, 이상하게 보일 것이다.

앞의 문법적 성이라는 부분에서 성 카테고리가 남성, 여성밖에 없는 경우에도, 언어가 다르면 같은 것이 다른 카테고리로 분류되는 일이 종종 있다고 말했는데, 같은 현상이 조수사에도 적용된다.

일본어와 중국어는 언뜻 보기에 대응하는 조수사가 존재하는 것처럼 보인다. 예를 들면, 장張이라는 중국어 조수사는 넓적한 물건을 셀 때 쓰이기 때문에, 일본어 조수사 '장枚'과 같다고 생각한다. 하지만 사실은 그렇지는 않다. 일본어에서는 책상이나 테이블이나 침대를 '장枚'으로 세는 일은 생각할 수 없지만, 중국어에서는 '장张'으로 센다. 테이블이나 침대의 넓은 면이 평평하기 때문에 '장张'이라고 생각하는 것일 것이다. 시트나 수건은 일본어에서는 '장枚'으로 세지만, 중국어는 '장张'으로는 세지 않는다. (중국어에서는 일본어에 없는 좁고 긴 유연성이 있는 물건을 세는 조수사 '조条'가 있다. 중국어에서는 시트나 수건은 얇은 물건으로서가 아닌 유연한 물건으로서 '조条'로 세는 무리에 들어가는 것 같다.)

이처럼 사물은 대부분, 복수의 지각 혹은 기능 속성을 가지고 있어서 어느 속성에 주목할 것인가는 언어에 따라 다르다.

가산 명사와 불가산 명사

영어를 비롯한 많은 언어는 물건을 셀 수 있는가, 셀 수 없는가 하는 관점에서 문법적으로 나누고 있다. 영어를 공부한 사람이라면 익숙한 가산countable · 불가산uncountable 명사를 구별하는 문법이다. 앞에서 소개한 문법적 성에 의한 분류는 인공물처럼 성별이 없는 것도 남성으로 취급하거나 여성으로 취급하거나 해야 하므로 매우 혼란스러울 것 같지만, 가산 · 불가산에 따른 분류는 그것보다 의미상으로 알기 쉬울 것처럼 보인다. 사람이나 동물, 컵, 책 등은 모두 '셀 수 있는 것'이다. 그에 반해 물이나 모래, 소금, 가루 등은 '셀 수 없는 것'이다. 여기까지는 단순 명쾌하다.

다만, 모든 명사의 분류가 완전히 명쾌한가 하면 반드시 그렇지는 않다. 가산 · 불가산 문법은 명사로 표현되는 세상의 모든 사물, 모든 개념을 '셀 수 있는 것', '셀 수 없는 것'이라는 두 개의 카테고리 중 어느 쪽인가로 분류해야 한다. '사랑'이라든가 '우정'처럼 추상적인 개념도 예외는 아니다. 추상적인 개념은 손에 들고 셀 수 없으니까 모두 '셀 수 없는' 그룹에 속하느냐 하면 그렇지만도 않다.

예를 들어, 일본어로 '생각'이라고 번역되는 말이 영어에는 여럿 있지만, idea, concept, view 등은 가산 명사로 셀 수 있는 것으로 간주한다. 그러나 thought는 기본적으로 불가산 명사이다. '증거evidence'는 하나하나의 사실을 증거로써 따로 세고, 쌓아가는 이미지가 있어서 evidence는 가산 명사인 것 같다. 실제로, 일본인이 영어를 쓸 때, 거의 전원이 evidence를 가산 명사로 취급하고 있어서 "We have many evidences"라고 쓴다. 그러나 영어에서는 evidences는 불가산 명사로 결코 one evidence, two evidences라고 하는 일은 없다.

일본어에서는 쌀도 콩도 모두 '일粒'이라는 조수사로 셀 수 있다. 그러나 영어에서는 '콩'은 가산 명사로 many beans와 같이 말하지만, rice는 불가산 명사로 many raices라고는 절대로 말하지 않는다. furniture는 책상이나 의자, 침대 등의 집합이기 때문에 가산 명사라고 생각하기 쉽지만, "I bought one furniture", "I have many furnitures"라고는 말할 수 없다.

그러나 이처럼 다양한(셀 수 있는) 것들을 포괄할 것 같은 명사는 모두 불가산 명사냐 하면 그렇지는 않고, 고양이, 개, 햄스터를 한 마리씩 기르고 있는 경우에 "I have three animals in the house"라고 말하는 것은 아주 정확하고, "I have much animal"은 있을 수 없는 어법이다. 탈것도 마찬가지로 승용차, 트럭, 오토바이를 소유하고 있다면 "I have three vehicles"라고 한다.

이러한 감각은, 영어를 모어로 하지 않는 화자로서는 이해하기 어렵지만, 영어가 모어인 화자에게 있어서는 idea, concept, view, animal, vehicle라는 가산 명사 개념과 thought, evidence, furniture와 같은 불가산 명사 개념은 매우 다른 개념으로 파악되고 있는 것 같다. 바꿔 말하면, 영어 화자는 사물뿐만 아니라, 명사로 나타내는 모든 개념에 대해서, 그것이 '셀 수 있는 개체'인가 '셀 수 없는, 흐릿한, 경계가 없는 것'인가를 기준으로 나누고 있고, 그것이 말의 의미의 중요한 일부가 된 것이다. (예를 들면, 일본어의 '증거'라는 말은 하나하나의 사실을 '증거'로 생각하지만, 영어에서는, 겹겹이 쌓인 사실 전체만을 evidence로서 간주하고, 하나하나의 사실은 evidence가 아니다. 그런 의미에서는, '증거'와 evidence는 직역할 수 없는 다른 의미를 가진 두 개의 단어라고 생각해야 한다.)

일본어와 조수사

덧붙여서 말하면, 영어에서는 '셀 수 있는 것'은 직접 복수형이 되지만, '셀 수 없는 것'은 직접 복수형이 될 수 없고(셀 수 없기 때문에 어쩔 수가 없다), 세려면, a cup of tea, a pot of tea, a glass of water와 같이 단위를 표시해야 한다는 점은 잘 알고 있을 것이다.

일본어로 물건을 셀 때는 어떨까. 차나 와인이나 물, 즉 영어에서 말하는 '셀 수 없는 것'을 셀 때는 영어와 마찬가지로 '한 잔의 차와인, 물'라고 한다. 설탕도 설탕 한 봉지, 한 숟가락 등으로 단위를 표시해서 센다.

일본어가 영어와 다른 점은 동물이나 기계, 컵이나 펜 등 분명히 '셀 수 있는' 것에 대해서도 '한 마리의 고양이', '한 대의 차', '한 개의 컵', '한 자루의 펜'과 같이 조수사를 사용하는 것이다. 즉, 일본어에서는 영어와 같은 '셀 수 없는 것'과 '셀 수 있는 것'의 구별은 하지 않는 것 같다. 조수사는 일단 모든 명사에 붙어서 영어의 불가산 명사처럼, 셀 수 있는 단위가 필요하며, 심지어 '작은 동물', '큰 동물', '가늘고 긴 것', '평평한 것'이라는 독특한 기준으로 세상의 사물을 분류하고 있다.

오브젝트object라는 말

일본어가 모든 개념을 '셀 수 있다', '셀 수 없다'라는 관점에서 분류하지 않는다는 것은 '사물'이라는 말의 의미에도 반영된 것 같다. 언어나 개념·인식에 관련된 양서철학, 언어학, 심리학 등의 책이나 논문 등를 읽다 보면 상당히 빈번하게 등장하는 중요한 말 중의 하나로 object라는 단어가 있다. 이 말을 일본어로 번역하는 것은 상당히 어렵다. 필자는 대부분은, '사물' 또는 '물체'라는 말을 사용하지만, object의 의미를 적확하게 전달하지 못하는 것 같은 생각이 들어서 항상 답답함을 느낀다.

영어의 object라는 말은, substance라든가 stuff라는 말과 대립하는 개념으로써 사용되는 경우가 많다. 즉, 사람이라든지, 동물이라든지, 텔레비전이라든지, 컵 등 영어에서 말하는 가산 명사로 나타낼 수 있는 사물은 object이지만, 물이라든가 모래는 object가 아니다. 그러나 일본어에서 '사물'이나 '물체'라고 하면, 그 뉘앙스는 전달되기 어렵다.

필자는 실제로, 일본인에게 '물'은 물체인가, '모래'는 물체인가, '사람'은 물체인가, '동물'은 물체인가 하는 앙케트를 실시한 적이 있다. 그랬더니, 대부분의 사람은 물이나 모래는 물체라고 대답했지만, 사람이나 동물은 물체가 아니라고 대답했다. '물체' 대신에 object라고 하는 단어를 사용해서 같은 내용의 앙케트를 미국인에게도 실시했더니 그들 대부분은 사람이나 동물은 object라고 대답했지만, 물이나 모래는 object가 아니라고 대답했다.

방금 기술한 바와 같이, 일본어 화자는 사람이나 동물을 '사물이 아니다'라고 대답한 사람이 많았다. 즉, object라는 말에 딱 들어맞는 말은 일본어에 존재하지 않고, '사물'이나 '물체'로는 object에 있어서 가장 중요한 물건의 가산성이 흐려지는 것이다. 그러면, 일본인은 셀 수 있는 것과 셀 수 없는 것을 개념적으로 구별할 수 없는 것일까. 이 문제는 다음 장에서 다루기로 하겠다.

사람의 움직임을 나타내다

'걷다', '달리다'

사람이나 사물의 움직임은 주로 동사로 표현되지만, 동사도 역시, 특정의 움직임이나 관계의 집합인 카테고리를 나타낸다. 명사와 달리, 동사는 주로 동작, 행위, 사물과 사물사이의 관계의 카테고리를 만든다. 예를 들어 '걷다', '달리다'라는 흔한 동사 역시 각각 일정한 카테고리를 나타내는 말이라고 생각해도 좋다.

한마디로 '걷다', '달리다'라고 해도, 실제의 동작은 실로 다채롭다. 막 걷기 시작한 아기의 걷는 모습, 워킹을 하는 사람의 걷는 모습, 이야기에

푹 빠져서 걷고 있는 여학생의 걸음걸이, 패션모델의 걸음걸이. 그것들 모두가 '걷다'라고 하는 동사로 한데 묶여 있다.

'달리다'도 마찬가지이다. 평범한 사람이 조깅을 할 때의 달리기 방법, 단거리 선수의 달리기 방법, 하이힐을 신은 여성이 전철을 놓칠 것 같아 필사적으로 달릴 때의 달리기 방법은 매우 다르다. 실은, 영어에서는 이 세 가지의 달리기 방법은 run과는 다른 동사로 구별한다. 맨 처음은 jug, 다음은 sprint, 마지막은 dash이다.

이들 단어가 run에 포함되는 더욱더 좁은 의미를 지니는 동사인지는 그리 분명하지 않다. 각각의 장면을 영어 화자에게 보이고 "Is he running?" 하고 물었을 때, 분명하게 "No, he is jogging"과 같이 전원이 부정하는 것이 아니라, Yes라고 하는 사람도 꽤 있을지도 모른다. 그러나 대부분의 영어 화자가 run이라고 하기보다는 jog, sprint, dash를 즐겨 사용하는 것은 틀림이 없고, 각각의 단어가 '○○달리기'처럼 복합어가 아닌, 그 이상 분해할 수 없는 단일의 형태소로 이루어진 단어라는 점에서 이 단어들은 영어에서는 '기초어'라고 말할 수 있을 것이다.

움직임에 관해서 일반적으로 영어는 사람의 동작을 '어떻게 움직이는가' 하는 관점에서 일본어보다도 세밀하게 구별하고 있고, 각각의 동사가 존재한다. 예를 들면, 일본어에서 '걷다'라고밖에 말할 수 없는 다양한 동작에 관해서, 어슬렁어슬렁 걸을 때는 ramble, amble, 어깨를 으쓱 치켜 가슴을 펴고 걸을 때는 swagger, 술 취해서 갈지자로 걸을 때는 stagger 등 모두 하나의 형태소로 이루어진 동사로 구별된다. 그러나 모든 언어가 영어처럼 움직임의 양태에 따라 상세하게 카테고리 분류를 하는 것은 아니다. 예컨대 스페인어, 프랑스어 등의 로망스계 언어는 양태에 따라 세밀하게 구별되는 동사 카테고리는 그다지 만들지 않는다.

말은 움직이는 형태동작의 양태로 동작을 구분하여 카테고리를 만드는 것만이 아니라, 움직이는 방향에 근거해서 구분한 카테고리를 만드는 경우도 많다. 예를 들어 '들어가다', '나오다', '올라가다', '내려가다' 같은 동사는, 어떤 장소에서 어떤 장소로 이동하는 것을 나타내고, 이 경우 동작을 하는 사람이 어떠한 양태로 움직이는가는 문제 삼지 않는다. '들어가다'를 예로 들면, 동작 주가 어떤 장소의 밖에서 어떤 장소로 이동하고, 그 장소에 머무는 것을 의미한다. 그때 동작 주체는 사람이든 동물이든 스스로 이동할 수 있는 대상이라면 무엇이라도 좋다. '들어가는' 장소는 경계로 구분된 공간이라면 어디라도 상관없고, 더욱이 어떠한 형태로 움직여도 상관없다. 비틀거리며 들어가도, 살금살금 발꿈치를 들고 들어가도, 폴짝폴짝 뛰며 들어가도, '들어가다' 자체에는 차이가 없는 것이다.

'건너다わたる', '빠지다抜ける'

장소 이동을 나타내는 것으로 일본어에는 '건너다わたる', '넘다越える', '빠지다抜ける', '빠져나가다くぐる' 등의 동사가 있다. 이들 동사는 꽤 흥미롭다. 이들 동사는 영어로는 go across(또는 cross), go over, go through와 같이 번역된다. 그러나 '건너다'는 영어의 go across, cross와 같은 범위의 동작을 포함하는 동일한 카테고리를 만드는가 하면 그렇지는 않다. 더 자세히 말하자면, 일본어에서는 '길을 건너다', '강을 건너다', '건널목을 건너다', '바다를 건너다'와 같이 말하지만, go across와는 달리, '테니스코트

를 건너다', '야구장을 건너다'라고는 하지 않는다. '건너다'는 어느 지점에서 어느 지점으로 이동할 때 두 지점이 무엇인가에 의해 거리를 두고 있지 않으면 안 된다. 게다가, 그때 두 지점을 떼어 놓는 것은 평평하지 않으면 안 되고, 산은 안 된다. 반면, go cross는 이동하는 장소가 평평한지 아닌지는 구별하지 않는다.

'빠지다'는 go through라고밖에 번역할 수 없지만, go through가 커버하는 카테고리와 동일한 카테고리를 가리키는 것은 아니다. 예를 들어 '터널을 빠져나가다', '정체를 빠져나가다', '울창한 숲을 빠져나가다'라고는 하지만, '넓디넓은 황야를 빠져나가 마을에 도착했다'고는 하지 않는다. 이것은 '빠지다'라는 동사가 단순히 '어떤 장소를 통해서 어딘가로 가다'라는 의미가 아닌 것을 의미하고 있다. '빠지다'는 '지나다'와 다르고, 이동할 때에 동작주가 좁은 부분을 지나거나 압박감이 있는 부분을 통과하는 것을 의미한다. 때문에 '넓디넓은 황야'는 '빠지다'와 함께 쓸 수 없는 것이다.

즉, '빠지다'도 '건너다'도 어느 지점에서 다른 지점으로 이동할 때에 그곳에서 지나는 장소가 어떠한 특성을 가지는지의 정보가 의미의 일부가 된다. 영어에서는 일본어처럼 이동할 때 지나는 장소의 정보를 집어넣은 동사의 카테고리는 만들지 않는다.

사물을 움직이다

'들다', '옮기다'

사물을 들다 또는 사물을 들고 이동하다도 일상적으로 항상 사람이 행하는 동작이다. 재미있는 것이 영어는 걷고, 달리는 등의 움직임에서는 '어떤 식으로 움직이는가'로 매우 상세하게 동작을 구별해서 카테고리를 만들고 있는데 '어떻게 드는가'에 관해서는 거의 구별하지 않는다. 단지, 사물을 들뿐 이동을 동반하지 않는 hold와 물건을 들고 이동하는 carry는 완전히 다른 동작으로 구별된다.

일본어는 영어보다도 좀 더 상세하게 '持つ들다' 동작을 나눈다. 예를 들면, 어깨로 물건을 받쳐 드는 것은 '担ぐ메다', 등으로 받치는 것은 '背負う짊어지다', 양팔로 받쳐 드는 것은 '抱える감싸쥐다'이다. 이 외, 일본어는 사람아이이나 애완동물과 같이 특별한 동물일 때는 '背負う짊어지다'가 아니라 'おぶる업다'라고 하고, '抱える감싸쥐다'가 아니라 '抱く안다'라고 한다.

일본어는 본래, 살아있지 않은 대상이 존재할 때에는 'ある있다'라고 하지만, 사람이나 동물은 'いる있다'라고 한다. 사람, 동물과 무생물로 동사를 구별하는 것은 일본어의 특징이라고 말할 수 있을지도 모르겠다. 영어를 비롯한 많은 언어는 동작 주 또는 동작 대상이 동물인지 무생물인지로 다른 동사를 사용하는 일은 별로 없다.

抱(바오)　　夾(지아)　　頂(딩)　　托(투오)

背(베이)　　挎(콰)　　扛(캉)　　擧(쥬)

拎(링)　　拿(나)　　端(뚜안)　　提(티)

捧(팽)

〈그림 2-A〉 '들다' 동작을 나타내는 말 – 중국어

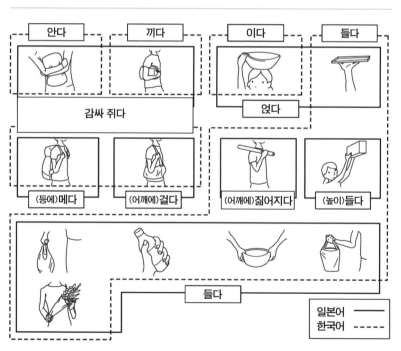

안다　　끼다　　이다　　들다

감싸 쥐다

엎다

(등에)메다　　(어깨에)걸다　　(어깨에)짊어지다　　(높이)들다

들다

일본어 ────
한국어 ------

〈그림 2-B〉 '들다' 동작을 나타내는 말 – 일본어, 한국어

세분화된 중국어 '들다'

일본어보다도 더욱더 상세하게 '들다' 동작을 나누는 것이 중국어이다. 중국어는 신체의 어느 부분으로 물건을 지탱하는지 뿐만 아니라, 물건을 들 때의 손 모양으로도 동사를 구별한다. 이것을 〈그림 2-A〉에 표시해 보았다. 머리로 받치는 것은 '딩頂', 어깨로 받치는 것은 '캉扛', 등으로 받치는 것은 '베이背', 양팔로 감싸 쥐는 것은 '바오抱'이다. 어깨에서 늘어뜨리는 것은 '콰挎', 한쪽 팔과 옆구리 사이에 껴서 드는 것은 '지아夾'이다. 손바닥을 위로해서 드는(쟁반들 드는 것 같은 동작) 것은 '투오托', 양손(때로는 한쪽 손)으로 안의 내용물을 쏟지 않도록 수평을 유지하면서 드는 동작은 '뚜안端', 한 손으로 평범하게 들 때는 '나拿', 여성이 토트백을 들 때처럼 손에 늘어뜨리고 들 때는 '티提'이다. 영어에서는 hold라는 동사로 일괄하는 동작을, 중국어는 20개 정도의 단일 형태소로 이루어진 서로 대비적으로 사용되는 '기초어'의 카테고리로 분할하는 것이다.

다만, 재미있는 것이, 중국어는 영어나 일본어가 구별하는 중요한 특징 — 물건을 들고 있을 뿐인가, 물건을 들고 이동하고 있는가(즉 '들다'인지 '옮기다'인지) — 에는 무관심해서 물건을 움직이지 않고 그저 그 장소에서 들고만 있을 때도, 들고 다른 곳으로 이동시키는 경우도 같은 동사를 사용한다. 즉, 영어와 중국어는 물건을 들다, 들고 이동하다 같은 일상생활에서 무한히 존재하는 동작에 대해서 완전히 다른 기준으로 말의 카테고리를 만들고 동작을 분할하고 있다.

좀 전에 말한 것처럼, 일본어는 영어보다 상세하게 동사를 구분해서 쓰지만 중국어만큼 세분화되어 있지는 않다. 한국어는 일본어와 상당히 비슷하지만, 완전히 일본어의 분류 방법과 같다고는 할 수 없는 미묘하게 다른 부분이 있다. 〈그림 2-B〉에서는, 조금 전 중국어에서 모두 구별하던 '들다' 동작을 일본어와 한국어에서는 어떻게 분류하고 있는지를 표시해 보았다. 일본어, 한국어, 중국어라고 하는 세 언어에서 각각 어떻게 '들다' 동작을 분류하고 있는지 비교해 보기를 바란다.

사물의 장소를 말하다

앞과 뒤, 왼쪽과 오른쪽

우리는 사물과 사물의 위치 관계를 어떻게 표현하고 있을까. 사물끼리의 위치 관계를 나타낼 때 가장 많이 쓰는 것은 '앞', '뒤', '좌', '우'라는 말일 것이다. '○○앞에 차를 세워주세요', '○○는 △△의 왼쪽에 있습니다'는 우리가 항상 사용하는 표현이다.

그런데 독자 여러분은 '앞'이라든가 '왼쪽'이라고 들었을 때, 혼란스러웠던 적은 없는지. 주차장에 흔히 '전면 주차해주세요'라고 적혀있다. 그런데도 자동차의 전면은 제각각으로, 통로를 향해서 전면 주차한 차가 있는가 하면, 그 반대인 차도 있다. 무릇 '앞'이라고 하는 말은 시점에 의존하고 있어서, 그 시점이 정해지지 않으면 '앞'을 정할 수 없다. '전면'이라는 것은, 차를 운전하고 있을 때의 진행 방향을 '앞'이라고 하는 것일까, 주차했을 때 통로에서 봐서 '앞'인 것일까.

'전', '후', '좌', '우'라는 것은 상대적으로 정해지는 것이기 때문에 일의一義적으로 정해지는 것은 아니다. 화자와 청자가 대면하고 있는 상황에서는, 화자의 오른쪽은 청자의 왼쪽이 된다. 같은 두 개의 사물을 보고 있어도, 보고 있는 사람의 시점에 따라 전후좌우는 바뀌게 된다.

애초에 '앞'이란 무엇일까. '앞'을 결정하는 데 두 개의 시점이 있는 것을 독자 여러분은 눈치챘을까. '앞'이라는 것은 화자의 몸을 중심으로 눈이 있는 쪽을 '앞'이라고 하는 경우와 물건에 본래 존재하는 '앞'얼굴, 진행 방향, 정면을 중심으로 하는 경우가 있다. 전자는 자기중심 범위, 후자는 사물 중심 범위이다.

'○○은 △△앞에 있다'라고 할 때의 △△를 '참조 물체'라고 부르자. 예를 들어, 나무나 돌 등 참조 물체에 본래 정면이 없는 경우에는 항상 자기중심틀을 취하게 된다. 예를 들어 '공은 나무 앞에 있다'라고 했을 때, 일본어에서는 공은 나무와 자신의 사이에 있다고 이해한다. 화자는 나무가 자신과 마주하고 있는 것처럼 느끼고 나무가 자신이 있는 쪽을 향해 있다고 생각하는 것이다.

일본어와 반대의 견해를 보이는 언어도 있다. 인도의 하우자ハウザ라는 언어에서는 정면얼굴이 없는 것은, 자신과 같은 방향에서 밖으로 향하고 있다고 상정한다. 즉, '나무 앞'은 나무에 대해서 화자로부터 먼 쪽, 나무의 반대편에 있다. 우리는 '앞'이라는 말을 당연한 듯이 사용하고 있지만, '앞'이 어디인가 하는 것조차 언어에 따라 다르다.

이처럼, '앞'이라는 말이 가리키는 것은 실은 더없이 막연한 개념이다. '동', '서', '남', '북'처럼 방위를 나타내는 말이라면, 이와 같은 애매함 없이, 일의적으로 위치 관계를 정할 수 있다. 그러나 우리는, 애매한 개념임에도 불구하고, '전', '후', '좌', '우'를 사용하지 않고 공간 관계를 나타내는 것은 상상할 수 없다.

동서남북으로 위치관계를

〈그림 3〉 나무의 양쪽에 서 있는 두 명의 여자아이

그러나, 세계에는 '전', '후', '좌', '우'에 해당하는 말이 전혀 존재하지 않는 언어가 많이 있다. 예를 들면 호주의 애버리지니^{Aborigine} 언어 중 하나인 구구 이미티르^{Guugu yimidhirr}어는 사물의 위치를 모두 '동', '서', '남', '북'으로 나타낸다.

우리가 '공은 나무 앞에 있다'라든지 '리모컨은 텔레비전 왼쪽에 있다'라고 말할 때, 이 언어의 화자는 '공은 나무의 남쪽에 있다'라든지 '리모컨은 텔레비전의 서쪽에 있다'라고 말하는 것이다. 본래 이 언어에서는 화자를 중심으로 한 상대적인 시점에서 사물의 위치 관계를 나타내는 일은 절대 없다고 한다. 〈그림 3〉을 구구 이미티르어 화자가 말한다면 이런 방식이 된다. '두 명의 여자아이가 있다. 한 명의 코는 동쪽을 향하고, 또 한 명은 남쪽으로 코를 향하고 있고, 나무가 한가운데 있다.'

〈그림 4-A〉 나무 옆에 서 있는 남자아이①   〈그림 4-B〉 나무 옆에 서 있는 남자아이②

좌우가 구별되지 않는 언어

구구 이미티르어는 이처럼 '전', '후', '좌', '우'라는 상대적인 틀에서 위치 관계를 나타내는 단어가 없어도 절대적인 방위를 나타내는 단어를 사용하여 앞과 뒤, 오른쪽과 왼쪽을 구별할 수 있다. 그러나 절대적인 방위를 위치 관계의 표현으로 사용하지 않고, 더욱더 상대적인 틀에서의 단어(즉 전후좌우)도 갖고 있지 않은 언어도 있다. 예를 들면, 중앙아메리카 벨리즈에 사는 모팡^{mopan}이라는 원주민의 언어가 그렇다.

이 언어에는 다음에 소개할 미스텍^{Mixtec}어처럼 신체 부위를 이용해서 사물의 위치 관계를 표현한다. 이로 인해 우리가 말하는 장소의 '앞'과 '뒤'에 해당하는 개념은 표현할 수 있지만, '오른쪽'과 '왼쪽'을 구별하는 말은 가지고 있지 않다. 게다가, 지금 말한 것처럼 이 언어는 '동서남북'이라는 절대 방위를 나타내는 말도 없다. 〈그림 4-A〉, 〈그림 4-B〉의 좌우 상태는 두 쪽 모두 '남자아이가 가슴을 나무 쪽으로 향하고 있다'로 표현되고 구별하지 않는다고 한다.

'고양이는 매트의 얼굴에'

사물과 사물의 관계를 나타낼 때 '전', '후', '좌', '우' 외에, '○○이 △△의 위아래에 있다'라든지 '안에 있다' 등도 자주 사용하는 표현이다. '위'는 영어에서는 on이라고 생각하기 쉽지만 실은 그렇게 간단하지 않다. 예를 들어 일본어에서 '그것은 당신 머리 위에 있습니다'라고 말했을 때, 영어에서는 "It is on your head" 또는 "It is above your head"라고 하는 해석이 가능하다.

일본어에서는 기준점보다 수직 방향으로 위, 즉 중력과 반대 방향에 사물이 있을 때 '위'라는 말을 쓴다. '그림은 테이블 위에 있다'라고 말했을 때, 그것이 테이블 표면 위에 있다, 즉 영어에서 말하는 on이라는 의미인지, 테이블의 '위쪽 방향' 즉, 영어의 above인지는 애매하다. 영어의 on은 수직축에서 위쪽 방향인 것은 관계없고, 예를 들어 책상 측면에 스

d　　　　　　　　a

e　　　　　　　　b

c

〈그림 5〉 동물의 신체 부위에 견주어 위치를 표현하는 경우

티커가 붙어있을 경우, "The sticker is on the side of the table", 벽에 그림이 걸려있는 경우, "The picture is on the wall"이라고 한다. 그러나 "The picture is on the table"이라고 한 경우, '그림이 (책상 표면에 접촉하지 않고) 책상 위쪽에 있다'라는 해석은 있을 수 없다. 즉, 영어의 A on B는 'A가 B 표면에 접촉하고, 그것에 의해 지탱되고 있다'라는 관계의 카테고리, A above B는 'A가 B의 수직축에서 중력과 반대 방향에 위치하고, B와 접촉하지 않는다'라는 관계의 카테고리를 가리키는 것으로 '접촉, 지지'에 개의치 않는 일본어의 '위'와는 카테고리의 기준이 완전히 다르다.

멕시코 원주민이 사용하는 언어로, 미스텍Mixtec어라는 언어가 있다. 이 언어는, 사물끼리의 위치 관계를 동물의 신체 어디에 있는가에 견주어 카테고리를 나눈다. 무엇인가가 실제로 동물의 신체 어느 부위에 있는가, 라는 것이 아니다. 예를 들어 〈그림 5〉 중에서 a와 같은 상황일 때 일본어라면 '고양이는 매트 위에 있다', 영어라면 "The cat is on the mat"이라고 말할 것을, 미스텍어에서는 매트 표면을 매트의 얼굴이라 보고 '얼굴부분에 있다'고 말한다. 〈그림 5〉에서 b의 상황은 '고양이는 산의 머리에 있다'라고 하고, c에서는 '집의 등에 사람이 있다', d에서는 '사람이 나무의 팔 부분에 있다', e에서는 '다람쥐는 나무의 배 안'이다. 즉, 이 언어는 사물끼리의 위치 관계를, 참조점이 되는 사물의 형태에 따라 동물의 신체 어느 부분에 비유하느냐는 암묵적인 이해가 언어화자 간에 있어서 머리, 얼굴, 어깨, 배 등의 카테고리로 나누는 것이다.

꼭 맞는가, 헐렁한가

넣다, 두다, 끼다/끼우다

다음의 상황을 떠올려주길 바란다. ⓐ사과를 볼 안에 넣는다, ⓑCD를 케이스에 넣는다, ⓒ직소 퍼즐의 맨 마지막 조각을 맞는 위치에 끼우다, ⓓ컵을 테이블 위에 두다, ⓔ양말을 신다, ⓕ안경을 쓰다, ⓖ코트를 옷걸이에 걸다, ⓗ반지를 손가락에 끼다, ⓘ귀걸이를 귀에 걸다, ⓙ모자를 쓰다, ⓚ머플러를 목에 두르다. 이 동작들은 영어로 말하면 어떻게 되는가. ⓐⓑⓒ는 put in, 나머지는 모두 put on이다. 이처럼 친숙한 소품을 어딘가 신체 주변의 장소로 이동시키는 행위도 언어가 다르면 분류 방법이 상당히 다르다.

영어는 작은 사물을 어딘가에 이동시키는 행위를 표현할 때, 대부분은 put이라는 동사를 사용한다. put은 일본어로 말하면 '하다^{する}'처럼 상당히 의미가 넓기 때문에 실제로 행위를 분류하는 것은 전치사이다. ⓐ~ⓚ의 상황을 분류할 때 영어에서는 사물이 이동한 후의 장소가 사물을 접촉하면서 떠받치는가ⓓ~ⓚ, 사물을 포함하는가ⓐ~ⓒ에 따라 결정한다. 일본어의 경우에는 동사에 따라 더욱더 복잡한 기준으로 이들의 상황을 분류한다.

'넣다'와 '두다'는 언뜻 보면, put in, put on에 대응하고 있는 것처럼 보인다. 그러나 〈그림 6-A〉, 〈그림 6-B〉를 보기 바란다. 일본어가 '넣다'와 '끼우다'로 구별하고 싶은 상황을 영어에서는 구별하지 않는다. '끼우다'는 '넣다'와 어떻게 다른가. '끼우다'는 움직여지는 사물과 그 도착지점의 모양이(凹凸처럼) 빈틈없이 딱 맞을 때 사용된다. 영어에서는 양쪽이 밀착

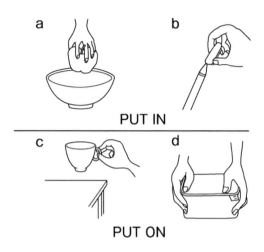

PUT IN

PUT ON

〈그림 6-A〉 영어의 PUT IN PUT ON

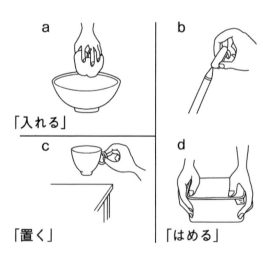

「入れる」

「置く」

「はめる」

〈그림 6-B〉 일본어의 '入れる (넣다)', '置く (두다)', 'はめる (끼우다)'

되어 딱 맞든지, 그렇지 않은지, 사물이 도착지점의 사물에 포함되면 어느 쪽도 put in이라고 표현하고, 하나로 묶어서 다룬다.

복잡하게 분류하는 일본어

put on도 일본어의 '두다' 보다 상당히 의미 영역이 넓다. 사물을 신체의 어딘가가 도착지점이 되도록 이동시키는 경우(즉 무엇인가를 '몸에 걸치는' 경우), 일본어는 도착지점인 신체 부위에 따라 상세하게 동사를 구분해서 쓴다. 예를 들면, 양말이나 바지 등 물건이 아래에서 위쪽을 향해서 이동하고, 최종적으로 허리 아래에 도착할 때에는 '입다履く', 모자처럼 머리를 덮는 경우는 '쓰다かぶる'이다. 안경의 경우처럼 도착지점이 훅 모양으로 튀어나와 있어서 사물의 일부를 그곳으로 떠받치는 것처럼 될 경우에는 '쓰다, 걸치다かける'라고 말하는 것처럼 도착지점의 특징에 따라 구별한다.

'반지를 끼다'는 매우 흥미롭다. 반지나 장갑 등 몸에 걸치는 것이라도 최종적으로 신체의 그 부분과 물건이 꼭 밀착하는 경우에는 '끼다はめる'를 사용한다.

이렇게 생각해보면 영어는 표면으로 떠받치는가, 포함하는가 하는 관점에서 단순하게 이들 상황을 분류하고 있는 것에 비해, 일본어는 같은 상황을 물건과 그 도착지점이 꼭 맞는 관계인지 헐렁한 관계인지, 또는 도착지점 일부로 물건을 떠받치는지, 물건이 위에서 아래로 이동하는지, 밑에서 위쪽을 향해서 이동하는지 등 여러 가지 기준으로 복잡하게 분류하고 있다.

수의 이름을 붙이는 방법

십진법으로 규칙적인 일본어

마지막으로, 수의 이름에 관해 얘기해 보자. 우리는 수를 셀 때, 아무리 큰 수라도 각각의 수에 이름이 있는 것이 당연하다고 생각한다. 우리가 수를 세는 방법은 10을 기준으로 한 십진법에 따르고 있다. 1부터 9까지는 '일', '이', '삼'……이라고 세고, 10은 '십'이다. 그다음 11은 10+1로 '십·일', 12는 10+2로 '십·이'라고 센다. 20은 10이 2로 '이·십', 21은 '이·십'에 1로 '이·십·일'. 32는 10이 3으로 '삼·십', 거기에 2가 더해져 '삼·십·이'이다.

규칙적으로 알기 쉬운 이 방식이라면, 백, 천, 만, 억, 조, 같은 정도의 이름만 기억하고 있으면, 어려움 없이 얼마든지 수를 셀 수가 있다.

그러나 여러 언어가 일본어처럼 알기 쉬운 방식으로 수의 이름을 붙이고 있는 것은 아니다.

육진법의 언어

예를 들어, 은돔^{ndom}어는 뉴기니아 부근의 프레더릭·헨드릭 섬의 언어인데, 이 언어에서 수를 세는 방식은 육진법에 가깝다. (단 18은 6이 기준이 아니기 때문에, 순수한 육진법이라고는 할 수 없지만.)

1부터 6까지 각각의 말이 있고, 7은 6과 1, 8은 6과 2라는 말로 표현된다. 이 방법으로 11까지 셀 수 있지만, 12가 되면, 6×2라는 식으로 말한다. 18은 '톤돌'이라는 하나의 단어로 돌아와, 여기서부터 18과 1, 18과

2로 세지만, 25부터는 18과 6과 1, 18과 6과 2라고 하는 것처럼 매우 긴 말이 되어 버린다. 30은 18과 6×2, 31은 18과 6×2와 1이라고 하는 말로 센다.

신체 부위가 수를 나타내는 말

이 은돔^{ndom}어같은 경우는 복잡하기는 해도 수를 나타내는 말이 있고, 규칙성이 있다. 그러나 수를 나타내는 말 자체가 없어서, 수를 몸에 대응시켜서, 신체 부위의 이름을 수의 이름으로 삼고 있는 언어도 적잖이 존재한다. 예를 들면, 파푸아뉴기니의 파수^{Fasu}족의 언어가 그러하다. 이 언어에서는 왼손의 새끼손가락부터 세기 시작해 약지, 중지로 진행해, 손가락에서 손, 손에서 팔, 어깨, 목으로 가서, 콧방울까지 진행하면, 이것으로 일본어에서 말하는 18까지 센 것이 된다. 19가 코끝으로 그다음 오른쪽으로 옮겨가서, 이번에는 좀 전과 반대로 위에서 아래로 세어 간다. 이 언어에서는 신체 부위의 이름 그 자체가 그 부위에 대응하는 수의 말이 된다. 즉, 1은 '최초의 새끼손가락', 2는 '최초의 약지'라는 것이다.

이 방식이라면 37까지밖에 단어가 없지만, 38은 '두 번째 새끼손가락까지 가서, 다시 최초의 새끼손가락'이라고 센다. 84 같은 큰 수가 되면, '두 번째 새끼손가락까지 가서, 다시 손을 올리고, 내려가서, 두 번째 새끼손가락까지 가고, 다시 손을 올리고, 위팔'이라고 표현한다고 한다.

정확한 수의 이름을 가지고 있지 않은 언어

아마존 오지에서 생활하는 피라한Piraha족은 100 · 1,000 · 10,000이라는 수는 물론, 2와 3, 4, 5 등을 정확하게 나타내는 말도 없다고 한다. 좀 더 구체적으로 말하면, 이 언어에서는 수에 관한 어휘는 극히 한정적이다. 일본어의 '1'에 해당하는 말 '호이'와 '2'에 해당하는 말 '호이'밖에 없다. 둘은 음이 같고, 전자는 그것을 내리는 음으로 말하고, 후자는 올리는 음으로 말한다. 그것보다 큰 수는 '바아기'나 '아이바이'로 나타내고, 굳이 번역한다면 '많다'라고 하는 의미에 가깝다. 그러나 '호이'와 '호이'조차, 항상 정확하게 1 · 2라는 수에 대응하는 것은 아니고, 전자는 때로 2라든지 3이라든지, 적은 양을 표현할 때에도 쓴다고 한다.

만약 필자가 읽은 문헌의 기술이 옳다면, 이 언어는 엄밀하게 개개의 수를 구별해서 나타내는 말은 가지고 있지 않고, 많은 양수, 적은 양수으로밖에 수를 언어적으로 표현하지 않는다는 얘기가 된다.

제2장

언어가
다르면,
인식도
다른가

우리는 날 때부터 익힌 언어가 규정하는 선에 따라 자연을 분할한다. 우리가 현상 세계에서 분리되는 카테고리라든가 형태를 발견하는 것은 그것들이 관찰자를 바로 직면해서 존재하고 있기 때문은 아니다. 그렇지 않아도 이 세계라는 것은 여러 가지 인상이 변화무쌍한 흐름으로 제시되고 있고, 그것을 우리의 마음 — 즉 우리의 마음속에 있는 언어체계라는 것과 대체로 비슷한 것 — 이 체계를 세우지 않으면 안 된다는 것이다. 우리는 자연을 분할하고, 개념의 형태로 정리하여 실제로 보이도록 의미를 부여한다. 그러한 일이 가능한 것은 그것을 이러이러한 방식으로 체계화하려는 합의에 우리도 관여하기 때문이라는 것이 주된 이유이고, 그 합의는 우리들의 언어사회 전체에서 행해져 우리들의 언어 패턴으로서 코드화되는 것이다.

벤저민 리 워프·B. L. Whorf, 이케가미 요시히코 역, 『언어·사고·현실』

위의 문장은 '워프 가설' 혹은 '사피어=워프 가설'로 유명한 미국의 언어학자 벤저민 리 워프의 말이다. 언어는 세계를 분할한다. 분할은 사물에 한하지 않고 색이나 사람이나 동물의 동작, 사람과 사물, 사물과 사물의 관계

등에도 이른다. 언어는 세계에 원래는 존재하지 않는 경계선을 긋는 것이다. 이 책의 제1장에서는 여러 가지의 언어가 얼마나 다양하게 세계를 나누고 있는가를 소개했다. 그러면 언어에 있어서 세계를 분할하는 방식의 차이는 그대로 언어가 다른 화자 간의 인식 차이가 되는 것일까.

언어 결정론, 또는 워프 가설

번역 불가능한 언어의 차이

언어와 인식의 사이에 어떠한 관계가 있는 것일까 하는 문제에 관해서 가장 잘 알려진 것은 앞에서 언급한 워프의 사상이다. 워프는 미국의 원주민인 호피Hopi족 언어인 호피어의 분석 등을 근거로 사람의 사고는 언어와 분리할 수 없고 모어에서의 언어의 카테고리가 사고의 카테고리와 일치한다, 고 주장했다. 특히 호피어와 영어를 비롯한 표준 서양언어 Standard Western Laanguage 간의 언어 간격은 '메울 수 없는 번역 불가능한incommensurable' 정도로 깊은 간격이라고 말해서 큰 물의를 빚었다.

워프 가설을 둘러싼 논쟁은 여러 가지 관점이 뒤섞여, 최근까지 상당히 혼돈스러운 것이었다. 한편으로는 워프 자신이나 그의 생각에 찬동하는 언어학자들에게는, 다른 언어 화자의 인식이나 사고가 정말로 다른가라고 하는 문제를 과학적 실험에 의해 음미할 것까지도 없이, 언어 간에 말로 인하여 세계를 분할하는 방법이 달라진다는 것 자체가 인식의 차이를 반영하고 있는 것이라는 선입견이 있었다. 예를 들면 『레토릭rhetoric

과 인생』을 비롯한 비유론으로 유명한 언어학자 조지-레이코프는 일본어의 조수사 '本hon'에 관해서 매우 재미있는 의미 분석을 『인지 의미론』원제 *Women, Fire, and Dangerous Things*에서 전개하고 있지만, 그는 거기에서, 조수사로 사물을 분류하는 것이 일본인이 가진 세계에 대한 인식을 반영하는 것이라고 단언했다.

인지심리학자의 실험과 의론議論

그러나 정말로 그런 것일까? 일본인의 인식은 조수사에 의한 세상 사물의 분류에 따른 것이고, 문법적 성에 따라 사물을 분류하는 독일어나 프랑스어 화자는 모든 사물에 대해서 남성성남자다움, 여성성여자다움을 투영한 인식을 하는 것일까.

워프 가설의 시비를 묻는 지금까지의 대부분의 연구는 비선진국에서 그다지 알려지지 않은, 오지의 민족문화나 언어를 조사하는 언어학이나 인류학 연구자가 행한 현장 조사fieldwork 연구였다. 색이나 공간의 관계를 나타내는 말 등에 관해서 우리들의 감각으로는 상상도 할 수 없을 법한 놀랄만한 다양성이 있다는 것을 현지에서의 면밀한 조사로 밝힌 것은 그들이다.

그러나 1990년대부터, 인지 심리학자가 이 문제에 적극적으로 관여하게 되고, 통제된 실험 수법을 이용한 실험이 많이 행해지면서 논쟁의 양상이 바뀌었다. 언어학과 인류학 연구자가 찾아낸 놀랄만한 언어의 다양성 안에서 그저 언어가 다르면 사고가 다른가 하는 단순한 관점에서는 설명할 수 없는 결과가 다수 보고된 것이다. 또 인지 심리학자들은 워프 가설을 생각함에 있어서 단순히 워프 가설이 맞는지 맞지 않는지가 아니라 언어의 영향이 인지 과정의, 혹은 뇌의 정보처리의 어느 시점에서 어떤 형태로 나타나는지를 명백하게 하려 했다. 필자도 이 관점에서 언어와 인식의 관계에 관해서 기술해 나가고 싶다.

이름의 구별이 없어도 색은 구별할 수 있는가

다니Dani어 화자의 색의 지각

제1장에서는 색에 이름을 붙이는 방법이 언어에 따라 크게 다르다는 것을 소개했다. 색이름의 수가 가장 적은 것은 파푸아뉴기니아의 다니Dani어이고 이 언어에는 색의 이름이 단 2개밖에 없다. 이 경우, 하나의 이름은 밝은색을 가리키고 또 하나의 이름은 어두운색을 가리킨다. 전자의 카테고리에서 가장 전형적이라고 판단되는 것은 우리가 '흰색'이라고 부르는 색이고, 후자에서 가장 전형적이라고 판단되는 것은 우리가 '검정'이라고 부르는 색이다. 그렇다면 이 언어를 말하는 사람들은 우리에게 있어서 빨강, 노랑, 주황오렌지색 등, 그들이 이름으로 구별하지 않는 색을 모두 '같은 색'이라고 인식하고, 구별하지 않은 것일까.

최초에 이 의문에 답하려고 했던 사람은 엘리노어 · 로쉬Eleanor Rosch라는 미국의 심리학자이다. 로쉬는 다니어 화자에게 먼셀 컬러칩'chip'은 조각을 차례차례로 보였다. 그런 다음 조금 전에 본 컬러칩이 어느 것인가를 다니어 화자가 기억하고 있는지 어떤지를 테스트했다. 만약 다니어 화자가 이름으로 구별하지 않는 색을 모두 '같다'라고 생각한다면 조금 전에 본 색은 모두 같은 색으로 혼동되어 버릴 것이다. 그러나 실제로는 다니어 화자는 조금 전 본 색에 대해서 영어 화자와 손색없는 기억을 보였다.

또, 다니어 화자에게 영어에서 기초어인 이름을 가진 색의 전형적인 색과 비전형적인 색예를 들면 영어 화자가 전형적인 red로 판단하는 색과 그다지 전형적이지는 않지만, red로 판단하는 색에 대해서 실제로는 존재하지 않는 이름을 가르치고 기억하도록 지시했더니, 영어의 기초어의 전형적인 색에 붙여진 색이름은 쉽게 기억했지만, 비전형적인 색에 붙여진 이름은 잘 기억하지 못했다. 이 사실로서 사람이 색을 느끼는 방법은 언어에 관련 없이 공통으로, 영어에서 구별하는 색에서 영어 화자가 전형적이라고 생각하는 색전형적인 빨강, 전형적인 파랑 등은 어느 언어를 말하는 사람에게도 가장 눈에 띄는 '전형적인 색'이고, 자신의 언어에서는 구별하지 않더라도 심적으로는 구별한다고 로쉬는 결론을 내렸다.

다른 색의 유사성

로쉬의 연구에 의해 워프 가설은 부정되는 것처럼 여겨졌다. 그러나 미국의 문화인류학자인 폴·케이는 로쉬의 결론이 다소 단순하다는 의견을 나타냈다. 제1장에서 기술한 것처럼 파랑과 녹색을 구별하지 않는 언어는 매우 많이 존재한다. 케이는 그중에서 멕시코의 원주민 언어의 하나인 타라후마라Tarahumara어를 모어로 하는 사람들과 영어를 모어로 하는 미국인이 먼셀시스템에서 약간씩 다른 색끼리의 유사성을 어떻게 판단하는지를 조사했다. 앞서 기술한 것처럼 먼셀의 컬러시스템은 하나의 칩과 그다음 칩의 물리적인 거리가 명도, 채도, 색상의 3개 차원에서 등거리가 되도록 만들어져 있다. 그래서 ('녹색'과 '파랑'을 구별하는 언어 화자에게 있어서의) 녹색과 파랑의 사이에 있는 색을 기준으로 해서 등거리에 있는 두 개의 칩을 선택하고, 기준인 색과 어느 쪽이 더 비슷한지를 미국인과 타라후마라족의 사람들에게 판단하게 한 것이다.

그러자 예상과 달리 언어의 영향이 관찰된 것은 실은 녹색과 파랑을 구별하지 않는 타라후마라족 사람들이 아닌, 녹색과 파랑을 다른 색으로 구별하는 미국인이었다. 영어에서 말하는 '파랑'과 '녹색'의 경계 부근에 있지만, 영어 화자가 일반적으로 '녹색'이라 부르는 색을 기준 칩으로 영어 화자와 타라후마라어 화자에게 보여주기로 하자. 그리고 기준 칩에서 물리적으로 등거리에 있는 두 개의 색을 보여주고 조금 전의 기준 색과 가까운 것은 어느 쪽인지 묻는다. 하나는 영어에서는 '녹색'이라 불리고 또 하나는 '파랑'이라 불린다. (타라후마라어에서는 세 개의 색이 모두 같은 이름으로 불린다.) 그러자 영어 화자는 '녹색'이라 불리는 쪽의 칩을, 기준을 사이에 두고 등거리에 있는 '파랑'이라 불리는 칩보다도 기준과 더 '닮았다'고 판단했다. 마찬가지로 기준 칩을 '파랑'이라고 판단하면 파랑 쪽의 칩을 더 '닮았다'고 판단했다. 그에 비해 녹색과 파랑을 구별하지 않는 타라후마라어 화자는 원래 기준에서 등거리에 있는 두 개의 색상을 기준과 동등하게 닮았다고 판단하고, 두 개의 칩을 같은 비율로 선택했다.

카테고리지각

인접하는 두 개의 카테고리의 경계에 있는 자극을, 두 개의 카테고리의 중간 정도의 애매한 자극으로서 지각하는 것이 아니라 확실히 어느 쪽인가의 카테고리 멤버라고 간주하는 것을 심리학에서는 '카테고리지각'혹은 '범주지각'이라 한다. 영어를 모어로 하는 미국인이 보였던 판단의 편향은 당연히 그 카테고리지각인 것이다. 즉 말을 갖고 있지 않으면 실재하는 사물의 실태를 지각할 수 없게 되는 것이 아니라, 말이 있으면 사물에 대한 인식을 말의 카테고리 쪽으로 끌어당기거나 왜곡시켜 버린다는 것을 이 실험으로 알게 되었다.

말에 의해 지각 카테고리의 경계가 뒤틀리는 것은 많은 언어에서 확인되고 있다. 앞에 기술한 것처럼 러시아어와 그리스어에서는 '파랑'을 '옅은 파랑'과 '짙은 파랑'이라는 두 개의 기초어로 구별한다. 예를 들면 러시아어에서는 옅은 파랑은 '고루보이', 짙은 파랑은 '시니'라고 부른다. 두 종류의 '파랑'을 다른 색으로 인식하고 구별하여 말하는 것에 의해, 러시아어 화자와 영어 화자의 색 인식이 다른지 어떤지를 조사한 실험이 있다. 이 실험에서는 먼셀컬러표에서 영어의 '파랑'에 해당하는 부분의 칩을 골라냈다. 하나의 칩을 컴퓨터모니터의 중앙 위에 띄우고 그 좌·우·아래에 두 개의 칩을 띄운다.

책 첫머리의 〈화보 2〉는 그 일례이다. 아래의 두 개 중 하나는 위와 같고, 또 하나는 그것과 조금먼셀컬러표에서 칩 2개분 달랐다. 어느 쪽이 위의 것과 같은지를 순간적으로 판단할 것을 요구했다.

〈화보 2〉를 보면 알 수 있듯이 칩 두 개 분이라는 것은 그렇게 큰 차이는 아니고, 이것은 재빠르게 행하기에는 조금 어려운 과제다. 러시아인은 같지 않은 쪽의 색이 러시아어의 기준과 다른 이름의 범주에 들어갈 때는 판단을 쉽게 하고, 같은 이름의 범주에 들어갈 때는 판단을 어려워했다. 예를 들어 기준색이 '고루보이'이고, 선택해야 하는 두 개의 색이 양쪽 '고루보이'일 때는 판단이 어려워지고, 두 개의 선택지가 각각 '고루보이'와 '시니'의 범주에 들어가는 색이라면 판단은 쉬워진다. 두 가지의 파랑을 이름으로 구별하지 않는 미국인에게서는 러시아인이 보인 것과 같은 반응의 치우침은 관찰되지 않았다. 이 실험은 이름이 같은가 다른가 하는 판단은 필요 없고, 단순히 색의 동이同異를 결정할 뿐이다. 그러나 이런 상황에도 이름이 판단에 영향을 미치는 것이다.

사물과 물질

물체와 물질의 존재론적 차이

영어는 셀 수 있는 사물과 셀 수 없는 물질의 이름을 문법적으로 구별하기 때문에 가산 명사와 불가산 명사는 표현상으로 구별된다. 그에 반해 일본어는 그 구별을 하지 않는다. 이것은 제1장에서 서술했다. 그러면, 일본어와 영어의 그 차이는 일본어 화자와 영어 화자의 세계에 대한 견해에 어떠한 영향을 끼치고 있을까?

실은 가산 명사, 불가산 명사의 구별이라는 것은 개념적으로는 우리가 생각하는 것 이상으로 중요한 구별이다. 왜냐하면 어떤 존재에 대해서

'같은 것은 무엇인가?'라고 하는 문제에 직접 관계되기 때문이다. 우리는 어떤 컵, 예를 들어 도자기 컵과 다른 알루미늄으로 만든 컵을 '같은 종류의 사물'이라고 생각한다. 두 개는 모두 컵이기 때문이다. 그러면 첫 번째의 도자기 컵의 손잡이는 그 컵과 같은 것일까? 그렇게는 생각하지 않는다. 손잡이는 컵 그 자체가 아니기 때문이다.

이번에는 버터에 대해서 생각해 보자. 눈앞에 상자에서 막 꺼낸 네모난 버터가 있다. 이 버터의 귀퉁이를 조금 잘라내어 보자. 그 잘라낸 버터의 조각은 원래의 버터와 같은 것인가. 같은 것이다.

컵의 경우에는 하나의 컵 전체가 '같은 종류의 사물'을 판단하는 기준이 된다. 컵 손잡이와 컵 전체는 '같은 종류의 사물'이라고는 할 수 없다. 그러나 버터는 본래 '버터-전체'라고 하는 것이 존재하지 않는다. 상자와 캔으로 팔리는 버터는 버터라고 하는 물질의 어느 양의 덩어리일 뿐이고, 그 일부도 또 버터인 것이다.

이처럼 컵과 같은 물건과 버터와 같은 물질은 '같다'라는 개념 자체가 다르다. 즉, 둘은 근본적으로 성질이 다른 존재인 것이다. 이것을 철학에서는 '존재론'적 구별이라고 부른다. 미국의 콰인Willard Van Orman Quine이라는 철학자는 이 존재론적 구별은 영어처럼 가산 명사·불가산 명사를 구별하는 것에 의해서만 의미를 이루는 구별이고 아이들은 명사의 가산·불가산을 구별하는 문법을 습득함으로써 이 개념을 이해할 수 있게 된다고 생각했다.

그러나 그렇다고 하면 이러한 의문이 생겨난다. 일본어와 같이 가산 명사·불가산 명사를 구별하지 않는 언어에서는 사물과 물질의 본질적인 차이를 이해할 수 없는 것일까. 일본어에서는 모든 명사가 스스로 세는 단위를 가지지 않는, 영어에서 말하는 불가산 명사에 해당한다면 일본어 화자는 세상에 존재하는 모든 것을 '물질 덩어리'로 보는 것일까. (이것은 얼토당토않은 말이라고 생각될지도 모르지만 도자기 컵을 '도자기 덩어리', 도자기 젓가락받침도 '도자기 덩어리', 유리컵을 '유리 덩어리'로 생각하는 것은 일단 가능하다. 이렇게 생각할 경우 이 세 개 중에서 같다고 간주되는 것은 도자기 컵과 도자기 젓가락받침이고 유리컵은 별개의 것이라고 생각할 수 있다.)

존재론 테스트

이와 같은 의문이 떠오를 때 그 답을 알기 위해서는 책 첫머리 〈화보 3〉과 같은 실험을 하면 된다. 필자는 일본어 화자와 영어 화자에게 어떤 사물(예를 들면 도자기로 만든 레몬 짜개)을 보여줬다. 다음으로 그것과 다른 물질로 만들어진 같은 형태의 사물나무로 만든 레몬 짜개과 최초의 사물과 같은 물질의 조각도자기 조각을 보여줬다. 어떤 것이 최초의 사물과 '같은 것'인가를 실험에 참가해 준 일본인과 미국인에게 물었다.

다음으로는 물질을 어떤 형태로 만든 것(예를 들면 톱밥을 네모난 U자형으로 만들어 놓은 것)을 보여주고, 다음으로 그것과 다른 물질가죽을 잘게 자른 것을 같은 모양으로 놓아둔 것과 같은 물질톱밥의 무더기를 보여줬다. 이번에도 어느 쪽이 최초의 사물과 '같은 것'인가를 실험 참가자에게 물었다.

어느 경우에도(도자기로 만든 레몬 짜개도, U자형으로 놓아둔 톱밥도), 두 가지 선택지의 어느 쪽을 고르는 것도 가능하다. 한쪽은 형태가 같고 물질이 다르다. 다른 한쪽은 그 반대로 물질이 같고 형태가 다르다. 그러나 존재론에 의하면 최초에 제시된 것에 따라 '같다'의 의미는 다를 것이다. 도자기로 만든 레몬 짜개의 경우에는 물질이 다르더라도 같은 형태, 기능을 가지는 사물이 '같은 종류의 것'이라고 간주된다. U자형의 톱밥의 경우에는 물질이 같은 것이 '같은 종류'를 결정하고, 어떠한 형태로 놓여 있는가는 관계없다. 만약 가산·불가산의 문법적 구별이 사물과 물질의 본질적인 차이의 이해를 가능하게 하는 것이라면 영어 화자인 미국인은 이대로 '같은 것'을 선택할 것이다. 한편 일본인은 레몬 짜개와 같은 사물의 경우에도 모래와 같은 물질의 경우에도 '같은 것'은 물질이 같은 쪽일 것이다.

일본인도 존재론을 이해한다

결과는 어떻게 되었을까? 일본인도 미국인과 마찬가지로 레몬 짜개와 같은 사물일 때에는 물질이 같은 쪽이 아니라 형태가 같은 쪽을 선택했다. 즉, 일본어 화자가 모든 사물의 '같음'을 물질의 동일성으로 결정하는 일은 없었던 것이다. 그러나 톱밥과 같은 물질에 대해서 '같은 것'을 선택할 때에 영어 화자와 일본어 화자 사이에서 차이가 보였다. 일본어 화자는 거의 언제나 물질이 같은 쪽을 선택했지만 영어 화자는 물질이 같은 쪽과 형태가 같은 쪽을 거의 반반 선택한 것이다. 즉, 영어 화자는 일본어 화자보다 형태에 강하게 주목을 하는 것 같다.

레몬 짜개와 같은 확실한 기능을 위해서 만들어진 사물, U자형의 톱밥처럼 만지면 바로 형태가 흐트러져 버릴 것 같은 물질 외에, 외견상으로 사물과 물질의 중간에 위치하는 대상에 대해서도 '같은 것'을 판단하게 하였다. 이 사물들은 단단하고 일부를 움켜쥐고 들어 올리면 전체가 함께 따라올 때에는 레몬 짜개와 같고, 톱밥과는 다르다. 그러나 형태에 의미가 없고 기능도 알지 못하는, 예를 들면 누에콩과 같은 형태를 한 밀랍 덩어리<화보 3>, 하열 중앙나 삶은 달걀의 반쪽 형태를 한 석고 덩어리 등의 사물에 대해서 '같은 것'은 형태가 같은 것인가 물질이 같은 조각인가라고 질문하면 영어 화자와 일본어 화자의 선택이 달랐다. 영어 화자는 대부분 다른 물질로 만들어진 같은 형태의 사물을 선택했지만 일본어 화자는 같은 물질 쪽을 선택한 경우가 많았다.

이들 결과로 무엇을 말할 수 있을까. 우선 일본어 화자가 사물과 물질의 본질적인 차이를 이해하지 못하고, 세상에 존재하는 모든 대상을 물질로서 인식하는 것과 같은 극단적인 언어상대성은 없다고 말할 수 있다. 일본어 화자도 사물에 대해서는 형태와 기능이 같은 사물을, 물질에 대해서는 형태는 달라도 같은 물질의 조각혹은 일부을 '같은 종류의 것'으로 판단했기 때문이다.

그러나 일본어화자와 영어화자의 판단이 완전히 같았던 것은 아니다. 톱밥처럼 형태가 금방 흐트러져 버릴 것 같은 물질이나 견고해서 물질인지 사물인지의 판단이 외관으로는 되지 않을 것 같은 애매한 사물에 대해서 일본인은 물질에 주목해서 물질이 같은 것이 '같은 종류'라고 간주하는 경향이 강했지만 미국인은 형태에 대해서 일본인보다도 훨씬 강한 주목을 보였던 것이다.

신기어의 해석

'같은 것'의 판단에서 일본인과 미국인이 보였던 차이는 어디에서 비롯하는 것일까. 역시 이것은 가산 명사·불가산 명사의 문법적 구별이 있고 없고 하는 언어의 차이로부터 오는 것일까?

이 실험에서는 실은 '같은 종류의 것'을 결정하는 과제뿐만 아니라 실험에서 사용한 것과 같은 사물이나 물질에 대해서 제각기 실제로는 존재하지 않는 신기한 말을 붙이고 그 말이 어느 쪽의 선택지에 쓰일 수 있을까라는 과제도 실시했다. 예를 들면 레몬 짜개에 대해서 '당신이 모르는 외국어로는 이것은 펫프ᶠᵉᵖ라고 합니다. 그러면 펫프는 어느 쪽입니까?'라고 묻는다. 명칭이라고 하는 것은 이름 붙여진 대상에 대한 인식을 반영할 것이다. 실험에 참가했던 사람이 명명된 대상을 '사물'이라고 인식하고 게다가 사물은 물질의 동일성이 아닌 전체의 형태와 기능성이 '같은 종류'를 결정한다는 것을 이해하고 있으면 그 이름은 같은 형태를 가진 다른 사물에 적용된다. 명명된 대상을 '물질'이라고 인식하고 물질에 있어서 '같은 종류'란 형태는 관계없이 물질 그 자체의 동일성이라는 것을 이해하고 있으면 같은 물질의 조각과 무더기에 이름을 적용할 것이다.

일본어에서는 '이것은 X입니다'라고 말하면 된다. 영어의 경우에는 주의가 필요하다. 영어에서는 원래 그 말이 가산 명사인지 불가산 명사인지는 어떻게 말하는가에서 대체로 알 수 있다. 예를 들어 "This is a X"라고 말하면 X는 가산 명사 "This is (some) X"라고 말하면 불가산 명사이다. 단 "this X, the X"라는 표현이라면 가산 명사라도 불가산 명사라도 가능하다. 그래서 일본어와 마찬가지로 X가 가산 명사인지 불가산 명사인지 알지 못하도록 미국인에게는 "Look at this X"라는 표현으로 명명을 하고, 선택을 요구할 때는 "Can you find the X?"라고 물었다.

일본인과 미국인이 형태가 같은 경우와 물질이 같은 경우 중 어느 쪽에 가르쳐준 신기어로 이름 붙일까. 거기에 관한 판단은 '같은 것을 선택하는' 과제에서 각각의 언어그룹에서의 선택과 거의 완전히 일치하고 있다.

가산·불가산 문법이 만드는 선입견

다시 미국인에게 신기어를 가산 명사 혹은 불가산 명사로서 제시해 보았다. 어떤 사람에게는 "This is a X" 다른 사람에게는 "This is some X"로 명칭을 말한 것이다.

그러자 확실히 불가산 명사라고 알 수 있도록 명칭을 말한 때에는 명칭이 가산지 불가산인지 알지 못했을 때와 비교해 물질이 같은 쪽의 선택이 훨씬 많아졌다. 그러나 가산 명사임을 알 수 있도록 이름을 말했을 때는, 가산인지 불가산인지 알지 못했을 때와 선택의 방법이 전혀 변하지 않았다. 즉 미국인은 가산인지 불가산인지 알지 못하도록 말한 이름을 가산 명사로써 받아들였던 것이다.

영어에서는 명사는 반드시 가산 명사나 불가산 명사 중 어느 하나이다. 가산인지 불가산인지 알 수 없는 명사란 존재하지 않는다. 실험 상황에서 가산인지 불가산인지 알 수 없도록 신기어를 말해도 그 말을 들은 사람은 그것이 가산 명사인지 불가산 명사인지를 결정해야 한다. 이러한 판단을 할 때 영어 화자는 우선 가산 명사라고 이해하는 것 같다. 이것은 어휘 전체 중에 가산 명사 쪽이 불가산 명사보다도 많고, 쉽게 떠올릴 수 있다는 점이 원인일지도 모르겠다.

결국 어느 명사에 대해서도 반드시 그것이 가산인지 불가산인지를 분명히 해야 하는 영어의 성질이, 처음 듣는 명칭의 의미를 생각할 때에 형태에 주목하도록 영어 화자로 하여금 선입견을 가지게 하는 것을 알게 되었다.

조수사와 사물의 인식

조수사와 사물끼리의 유사성

제1장에서 기술한 것처럼 스페인어, 프랑스어, 독일어 등 유럽 언어의 대다수는 명사를 성젠더으로 분류한다. 한편 일본어나 중국어 등 아시아 언어의 대다수는 명사를 조수사로 분류한다. 문법적 성과 조수사, 둘 다 명사를 분류하지만 분류기준은 전혀 다르다. 그러면 문법적 성을 가지는 언어의 화자와 우리들 조수사 언어의 화자는 사물에 대한 인식을 전혀 달리하고 있을까. 이 장의 서두에서 언급한 것처럼 레이코프는 일본어의 조수사 '本hon'을 예로 들어 '本hon'에 의한 사물의 분류가 우리들 조수사 언어 화자의 인식을 직접 나타내는 창이라고 말했다. 이것은 사실일까.

이것을 조사하기 위해 필자는 독일인이면서 중국어에도 매우 능한 헨릭 살바흐Henrik Saalbach와 함께, 조수사로 명사를 나누는 중국어, 일본어 화자와 조수사가 아닌 성젠더으로 나누는 독일어 화자가 두 사물 간의 유사성을 어떻게 인식하고 있는가를 확인하는 실험을 했다. 두 개의 사물이 같은 조수사 카테고리의 멤버일 때 조수사 언어 화자가 느끼는 그 두 사물끼리의 유사성은 조수사의 존재로 인해 본래보다도 정도가 높아지는 것일까.

그래서 우리는 다양한 명사의 쌍을 만들어 중국어, 독일어, 일본어를 각각 모어로 쓰는 사람들^{대학생}에게, 두 개의 명사로 표현되는 사물이 어느 정도 유사한가를 판단하게 했다. 쌍은 ① 일본어에서 같은 조수사로 셀 수 있는 사물의 쌍, ② 중국어에서 같은 조수사로 셀 수 있는 사물의 쌍, ③ 일본어와 중국어에서 같은 조수사로 셀 수 있는 사물의 쌍, ④ 일본어에서도 중국어에서도 그것을 세는 조수사는 다르지만, 같은 상위 카테고리의 멤버인 사물의 쌍 ⑤ 일본어에서도 중국어에서도 그것을 세는 조수사도 다르고 그 이외의 관계도 없는 사물의 쌍, 중 하나가 되도록, 그리고 각 종류의 쌍이 같은 수가 되도록 준비했다.

①에서 ③의, 일본어에서만, 중국어에서만 혹은 두 개의 언어에서 같은 조수사로 세는 쌍은, '도구', '음식물', '가구' 등의 소위 상위 카테고리에 동시에 속할 일은 없는 것으로 만들었다. ④는 같은 조수사로 세지는 않지만 '오이'와 '토마토' 등과 같이 같은 상위 카테고리의 구성원으로 만들었다.

일본어·중국어의 조수사

왜 일부러 조수사를 사용하는 언어를 2개나 조사했냐 하면 일본어와 중국어에서는, 언어 안에서 조수사의 중요성이 상당히 다르기 때문이다.

문법적인 차이로는, 일본어에서는 사물을 세는 문맥으로만 조수사를 사용하는 것에 비해 중국어의 조수사는 관사 및 지시사와 같은 작용을 하는 것이다.

구체적으로 말하면 일본어에서는 '이 고양이ニのネコ'의 경우 등, 고양이 전반이 아닌 특정한 고양이를 가리키는 경우에도 수와 함께 쓰이지 않으면 조수사는 사용하지 않는다. 그리고 특히 수에 대해 언급할 필요성이 없는 때에는 수 자체를 말하지 않는다. 그에 비해 중국어는 '이 고양이ニのネコ'와 같이 명사를 한정적으로 사용할 때 '一只작은 동물에 대한 조수사猫'와 같이 수와 조수사를 사용한다.

중국어의 경우 '고양이는 생선을 좋아한다'라고 하는 것처럼 명사의 일반적인 성질을 말할 때에는 조수사를 쓰지 않지만, '이 고양이는 생선을 좋아한다'와 같은 경우에는 특별히 수를 언급할 필요가 없는 문맥에서도 '这(이) 只猫'와 같이 조수사를 명사에 붙인다. '나는 고양이를 기르고 있다'(영어로 말하면 "I have a cat")와 같이 비한정인 하나의 대상을 가리킬 때에도 조수사를 사용한다. 즉, 중국어에서 조수사는 영어에서 말하는 지시사(this, that), 부정관사(a)와 정관사(the)를 아우르는 작용을 하는 것이다. 이 문법적 기능의 차이는 조수사가 출현하는 빈도의 차이가 되어 명확하게 나타난다.

우리들헨릭 살바흐Henrik Saalbach와 필자은 나쓰메 소세키夏目漱石의 『도련님坊っちゃん』의 원작과 중국어 번역에서의 조수사의 사용빈도를 비교해 보았다. 그러자 중국어 번역은 원작의 네 배나 되는 조수사를 사용하고 있었다. 즉, 중국어로 번역할 때 일본어의 원작에는 없었던 부분에 상당히 많

은 조수사를 덧붙인 것이다. 이와 같은 조수사의 문법적 역할의 차이에 의해 중국어 쪽이 일본어보다 명사와 조수사의 결합이 강하다고 생각되기 때문에 조수사 카테고리의 사물 개념에 미치는 영향이 일본어보다 중국어 쪽이 강하다고 할 가능성이 있다. 그렇기 때문에 일본어 화자와 중국어 화자 양쪽을 대상으로 했던 것이다.

중국인에게 있어서의 조수사

결과를 한마디로 말하면 중국인은 중국어에서 같은 조수사로 세는 명사의 쌍에 대해 일본인, 독일인보다도 유사성이 높다고 평정評定했다. 다른 종류의 쌍, 즉 일본어에서는 같은 조수사로 세지만 중국어에서는 다른 조수사로 세는 쌍이나 관계없는 쌍, 같은 상위 카테고리에 속하지만 셀 때 사용하는 조수사는 다른 명사의 쌍에 대한 유사성은 일본어 화자, 독일어 화자와 다르지 않았다.

한편 일본인의 경우에는, 중국인에게서 볼 수 있었던 쌍끼리의 유사성 판단에 있어서 조수사의 영향 같은 것은 볼 수 없었다. 즉, 일본인은 일본어에서 같은 조수사로 세는 쌍을 중국인이나 독일인보다도 '더욱더 비슷하다'고 판단하는 일은 없었던 것이다.

다만 중국인의 사물 간의 관계인식이 독일인이나 일본인과 완전히 다른가라고 하면 그렇게는 말할 수 없다.

예를 들어 중국인도 앞에서 언급한 ①부터 ⑤까지의 다섯 종류의 쌍 중에 ④의 같은 조수사로 세지는 않지만 같은 상위 카테고리에 속하는 쌍(예를 들면 오이와 토마토)을 가장 '비슷하다'고 판단했다. 이것은 일본인, 독일인도 마찬가지였다. 즉, 어느 언어의 화자라도 '비슷하다'라는 감각에 있어서 도구, 음식물, 식물 등의 개념적인 카테고리에서 공통의 구성원인 것은 조수사 카테고리에서 공통의 구성원인 것보다도 중요한 것이다.

한편 독일인이, 일본어에서만 공유하는 조수사일 때도, 중국어에서만 공유하는 조수사일 때도, 관계없는 쌍과 비슷한 정도의 유사성밖에 찾아내지 못했던 것은 아니다. 두 개의 언어에 공통해서 혹은 일본어, 혹은 중국어에서만 공유되는 조수사일 경우에도 독일인은 조수사가 공유되는 쌍을 관계없는 쌍보다 '비슷하다'고 판단했다.

즉, 조수사를 쓰지 않는 독일인이라도 조수사의 의미 특징은 느낄 수 있다는 것이다.

이것으로 무엇을 말할 수 있을까. 조수사는 중국어 모어화자에게는 사물끼리 어느 정도 비슷한가라는 감각에 영향을 주지만 그렇다고 해도 중국인의 사물에 대한 인식이 일본인이나 독일인과 전혀 다른가라고 하면 그렇지는 않다. 조수사의 카테고리는 명사의 카테고리와 비교해 구성원 간의 개념적인 결합이 느슨하기 때문에 인식을 뒤집을 정도의 큰 영향은 미치지 않는다. 중국인에게 있어서도 야구배트와 오이는 '대단히 비슷한' 것은 아니다. 그러나 중국어 화자는 특정의 명사가 특정의 조수사와 언제나 함께 사용되는 것을 빈번하게 듣기 때문에 같은 조수사로 셀 수 있는 사물 간에, 일본인이나 독일인보다도 조금 강한 유사성을 느끼게 된다.

최근 일본에서는 사물을 세는 방법이 전통적인 조수사가 아니라 무엇이든 'つ쓰'와 '個고'로 대용되는 일이 많아지고 있는 것 같다. 그 반작용인지 '세는 방법 사전'과 같은 것도 출판되어 화제가 되었다. 그러나 그것으로 조수사 사용방법의 간단화에 제동이 걸렸다고는 생각할 수 없다. 이것은 중국어에 비해 일본어에서는 조수사의 역할이 그다지 크지 않기 때문일지도 모른다. 100년 후의 일본어에서 조수사는 'つ'와 '個'만 남게 되는 것은 아닐까.

문법적 성(젠더)과 동물적 성

문법적 성과 생물적인 성

제1장에서 기술한 바와 같이, 문법적 성과 생물적인 성은 많은 명사에서는 대응관계가 없다. 그러나 어느 언어라도 인간의 남성과 여성에 관한 말은 문법적인 남성, 여성에 각각 대응한다. 아버지, 형, 아저씨, 할아버지 등은 물론 남성명사. 어머니, 누나, 아주머니, 할머니 등은 물론 여성명사이다. 그래서 문법적 성이 존재하는 언어의 화자가 생물적인 남성·여성과 문법적 남성·여성을 연결하는 것은 자연스러운 일처럼 생각된다.

그러나 이들 언어에서는 모든 명사가 문법적인 성을 가지지 않으면 안 된다. 생물적인 성을 가질 수 없는 인공물도 문법상의 성을 가져야만 하는 것이다. 예를 들어, 독일어에서는 태양은 여성, 달은 남성, 의자는 남성, 신문은 여성이다. 동물은 생물적인 성을 가지고 있지만, 개, 고양이, 말 등, 성에 따른 제각기의 명칭이 아니라 암컷, 수컷 양쪽의 성을 가지는 동물이라도 각각 문법상의 성을 가진다.

앞에서도 언급했지만 독일어에서는 생물적인 성과 문법상의 성이 불일치할 때에는 문법상의 성이 우선된다. 예를 들면 독일어에서는 기린은 여성명사인데, 그 때문에 '수컷 기린'이라고 할 때도 "Die^{여성명사에 붙는 관사} männliche^{수컷의} Giraffe^{기린}"처럼 관사는 여성 그대로이고 대명사로 가리킬 때도 여성대명사가 사용되는 것이다. 독일어 화자는 문법상의 성과 생물적인 성을 혼동하는 일은 없는 것일까.

기린은 엄마 동물?

여기서 독일인 유아와 일본인 유아를 대상으로 다음과 같은 실험을 했다. 컴퓨터 화면상으로 두 마리의 동물과 한 개의 상자를 보여준다. 두 마리의 동물은 모두 포유류, 조류, 곤충과 같이 같은 상위 카테고리에서, 하나는 독일어의 문법적인 성이 여성, 다른 한쪽은 남성이 되도록 선택했다. 예를 들면 코끼리와 기린과 상자를 본 아이는 '아빠 동물은 어디에 있을까?' 혹은 '엄마 동물은 어디 있을까?'라고 질문받는다.

이 실험에는 물론 정답은 없다. 그림만 봐서는 코끼리도 기린도 수컷인지, 암컷인지 알 수 없기 때문이다. 아이는 만약 아빠 동물이 보이지 않으면 상자 속에 틀림없이 숨어 있어요, 라고 실험 전의 연습에서 배웠다.

예를 들면 나무 그림과 자동차 그림과 상자 그림이 있고 '아빠 동물은 어디 있을까?'라고 묻는다. 나무도 자동차도 '아빠 동물'이라고 할 수 없기 때문에 실험자는 상자그림을 가리키고 '이 속에 숨어 있을지도 모르겠네'라고 말하고, 상자를 열면 수컷 사자가 나오는 것이다. 이와 같은 연습을 몇 번인가 하고 아이는 동물이 수컷인지 암컷인지 알 수 없으면 상자를 선택하는 것을 이해했다.

즉 어느 쪽의 동물이 수컷인지 암컷인지 알 수 없는 애매한 상황이어서 결정할 수 없을 때는 상자를 선택하도록 준비를 했던 것이다. 또한 독일인 아이들이 일본인 아이와 다르게 '아빠 동물'은 남성명사, '엄마 동물'은 여성명사로 표현되는 동물로 치우치는지 어떤지를 보고 싶었던 것이다. 단지 본 실험에서는 '상자는 부서져서 이제 열 수 없는 거야'라고 말하고 상자를 선택해도 상자에 숨겨져 있는 것은 보이지 않게 했다.

일본인 아이는 예상대로 '아빠 동물'의 질문에 대해서도 '엄마 동물'의 질문에 대해서도 어느 쪽인가의 동물에 대해 편향을 보이지 않았다. 상자를 선택하는 것도 삼분의 일 정도의 빈도이고 독일어의 여성명사, 남성명사, 상자, 세 개에 대한 선택이 비슷비슷했다.

그에 반해 독일인 아이는 선택에서 편향을 보였다. 아빠 동물을 찾으라고 했을 때는 남성명사인 동물을, 엄마 동물을 찾으라고 했을 때는 여성명사인 동물을 선택한 것이다. 확실히 독일인 아이는 남성명사의 동물은 수컷, 여성명사의 동물은 암컷이라고 무의식적으로 생각해 버리는 경향이 있는 것 같다.

문법적인 성과 연역演繹추론

필자는 또다시 독일인과 일본인 유아가 겉모습으로는 알 수 없는 동물의 내적인 속성을 어떻게 추론하는지도 실험으로 확인했다. 아이에게 '엄마 동물은 모두 이도폼イドフォーム을 몸속에 갖고 있어'라고 가르친다. 다음에 한 마리의 동물(예를 들어 기린)의 그림을 보여주고 이 '기린은 이

도폼을 가지고 있을까?'라고 묻는다. '이도폼'은 실제로 존재하지 않는 말이지만, 아이는 동물이 몸에 지니는 생물적인 속성이라고 생각한다. 생물적인 성수컷, 암컷에 특유의 생물적 속성에 대해서 연역추론을 할 것을 요구하는 것이다. 그림을 본 것만으로는 그 동물이 수컷인지 암컷인지 알지 못한다.

그러면 연역을 할(즉, '예'라고 대답할)까, 하지 않을('아니오'라고 대답할)까. 일본인 아이는 대략 50%씩이었다. 그러나 독일인 유아의 대답은 한 쪽에 치우쳐 있었다. 수컷 특유의 속성에 대해서 배우고(예를 들면 '모든 아빠 동물은 이도폼을 가지고 있어'), 동물이 남성명사(예를 들면 개)일 때, 혹은 암컷 특유의 속성에 대해서 배우고(예를 들면 '모든 엄마 동물은 이도폼을 가지고 있어'), 동물이 여성명사(예를 들면 기린)일 때는 '예'라고 대답하는 경우가 많고 그 반대일 때는 '아니요'라는 대답이 많았다.

즉, 명제에서 주어진 생물적인 성과 그림으로 그려진 동물의 문법적 성이 일치할 때는 연역을 하고, 일치하지 않을 때는 연역을 하지 않는 경향이 강하게 보였다. 역시 독일인 아이들에게 있어서 본래 관계가 없는 동물의 성과 동물 이름의 문법적 성을 완전히 분리해 생각하는 것은 어렵고, 동물 이름의 문법적 성은 그 동물의 속성에 대한 추론에도 영향을 주는 것 같다.

성인에게서도 보이는 혼동

이렇게 해서 아이가 생물적인 성과 문법적 성을 혼동하는 것을 알았다. 그러면, 이 혼동은 성인이 되면 해소되는 것일까. 이것을 조사하기 위해 독일인과 일본인 성인을 대상으로 한 실험도 실시해 보았다.

성인에 대해서는 일일이 '이도폼'과 같은 실제로 존재하지 않는 말을 만드는 대신에 불특정의 속성^{속성X}으로서 속성을 소개했다. 실험에 협력해 준 사람들에게는 '속성X'는 예를 들면 '○○효소'와 같이 동물이 체내에 가지고 있는 중요한 생물학적 속성이라고 생각해 주세요, 라고 사전에 지시해 두었다. 그런 다음 실험에서는 여러 종류의 명제가 한 번에 하나씩 제시되고 그다음 동물의 이름이 화면에 제시된다.

실험참가자는 그 동물이 명제에 있는 '속성X'를 가졌는지 어떤지 '예' 또는 '아니요' 단추를 눌러서 가능한 한 빨리 정확히 판단하도록 요구받았다. 가장 중요한 명제는 '모든 암컷^{수컷}동물은, 그리고 암컷^{수컷}동물만이 X를 갖고 있습니다'라고 하는 것이다. 명제의 다음에 나오는 것은 '기린', '코끼리'와 같이 성별을 구별하지 않는 일반적인 동물의 이름이다.

짐작한 대로 이 명제가 옳은지 아닌지는 논리적으로 확정할 수 없다. 동물의 이름에서는 동물이 암컷인지 수컷인지는 알 수 없기 때문이다. 실험참가자는 결론을 내릴 수 없을 때는 '아니요'라고 대답하도록 미리 지시받았다. 반응이 패턴화되는 것을 피하기 위해 '예'라고 대답해야 할 경우나 '모든 암컷동물'에 대해서 연역의 대상으로서 '의자' 등의 인공물이 제시되는 예도 있었다. 예를 들어 '모든 암컷동물은(그리고 암컷동물만이) X를 가지고 있습니다'라고 하는 명제에 대해서 연역 대상은 '암컷사자'이거나 '모든 동물은 X를 가지고 있습니다'라는 명제에 대해 '수컷 펭귄'이거나 하는 식이다.

일본어의 경우는 문법적 성이 없기 때문에 연역 대상은 단순히 '사자',

'암컷 사자', '수컷 사자' 등이지만 독일어의 경우에는 참가자를 두 그룹으로 나누어 동물의 이름에 성을 표시하는 관사가 붙을 경우^{Die Giraffe}와, 관사 없이 명사만 표시하는 경우^{Giraffe}의 두 개의 조건으로 실험을 했다.

일본인은 대부분의 경우 '모든 암컷동물은 X를 가진다'라는 명제에서 '기린'과 같이 암컷, 수컷의 지정 없이 일반적인 동물의 이름이 제시된 경우에 쉽게 그것을 논리적으로 결론 내릴 수 없다고 판단할 수 있어서 '아니요'를 선택했다.

그러나 독일인에게 명사에 관사를 붙여 제시하면 정답률이 현저히 저하되고 판단에 어려움을 나타냈다. 특히 명제에서 제시한 생물적인 성과 연역 대상인 동물의 문법적 성이 일치하는 경우, 이 어려움은 불일치할 때보다 현저하게 증가하고, 본래는 '아니요'라고 대답해야 하는 부분을 50% 정도가 '예'라고 대답했다.

다만 독일인도 연역 대상인 명사를 관사 없이 제시했을 때는 이런 혼란은 관찰되지 않았고, 생물적인 성과 문법적 성이 일치할 때도, 일치하지 않을 때도 '아니요'라고 답할 수 있었다. 또 관사가 붙은 경우라도 연역 대상이 인공물일 때에 문법적 성이 연역 추론에 영향을 주는 일은 없었다. 즉, 양자가 일치할 때도 (예를 들면 명제가 '모든 수컷동물'이고, 연역 대상이 남성명사인 '의자'), 불일치할 때도 문제없이 '아니요'라고 답할 수 있었다.

이 결과로부터 보면 독일인 화자는 성인이 되어서도 동물의 경우에는 생물적인 성과 문법적 성을 혼동하는 것 같다. 다만, 문법적 성이 영향을 주는 것은 대상이 동물인 경우에 한정되어 문법적 성이 있으니까, 라며 생물이 아닌(따라서 생물적인 성을 가지지 않는) 인공물에까지 문법적 성을 투영해서 잘못된 연역 추론을 하는 것과 같은 일은 없었다.

또 혼동은 실제 관사가 명사와 함께 표시되는 때에 일어나지만, 명사뿐인 경우에는 일어나지 않았다. 즉, 문법적 성과 생물적인 성의 혼동은 동물의 개념 그 자체에 대해서 일어나는 것이 아니라 관사로 표시되는 문법상의 성을 뇌가 처리할 때에 일어나는 것임을 알 수 있었다.

좌·우를 사용하면 세계가 역전한다

공간관계의 인식과 언어

이번에는 공간상에서의 사물과 사물의 관계에 관한 인식과 언어라는 것에 대해서 생각해보자. 제1장에서 공간상에서 사물의 위치를 말하거나 방향을 지시하거나 할 때 '전', '후', '좌', '우'라는 말이 존재하지 않는 언어가 있다고 소개했다. 여기에서는 움직임이나 공간 관계의 언어표현이 공간 관계의 인식과 어떠한 관계에 있는지를 말해보자.

우리는 남에게 길을 가르쳐 줄 때도 사물이 어디에 있는지를 전달할 때에도 '전', '후', '좌', '우'와 같은 단어를 전혀 사용하지 않고 말하는 것은 매우 어렵다. 그러나 제1장에서 소개한 것처럼 이와 같은 말을 전혀 사용하지 않고 대부분의 관계를 공간의 절대 좌표인 방위^{동, 서, 남, 북}를 사용해 나타내는 언어도 있다. 이 언어의 차이는 우리의 공간 관계의 인식에 차이를 초래할까.

절대적인 방향감각

우리는 일상생활 속에서 북이나 동이 어느 방향인가를 항상 의식하는 일은 별로 없다. 우리가 어떤 장소로 가는 방법을 말할 때 그 장소가 지금 있는 장소에서 어느 방위에 있는지를 알지 못하면 말할 수 없는 경우도 좀처럼 없다.

그러나 제1장에서 소개한 호주의 구구·이미디르어 화자처럼 전후좌우와 같은 자신 혹은 사물을 중심으로 한 상대적 위치 관계를 나타내는 말을 가지지 않고 절대 좌표로 사물의 위치를 나타내는 경우, 절대 좌표를 알고 있지 않으면 사물의 위치에 대해서 언급할 수 없게 된다. 그러면, 이와 같은 언어의 화자는 방향감각이 뛰어나, 어디에 있어도 방위를 알 수 있는 것일까.

이것에 관계되는 것이 '추측항법dead reckoning'이라고 불리는 방향정위능력이다. 전서구는 멀리 떨어진 장소에서 둥지로 돌아올 수 있지만, 높은 건물 등의 표지를 사용하는 것이 아니라 출발점의 방위를 정위할 수 있는 것이다. 실제로 많은 동물은 어떤 지점에서 다른 지점으로 이동했을 때 반드시 같은 길을 찾아가는 것이 아니라 최단의 경로를 찾아 돌아갈 수 있다. 필자 등은 이 능력은 전혀 갖추고 있지 않아서 매우 가까운 거리라도 길을 두 번 정도 돌면 이내 원래의 방향을 알지 못하게 되어 버린다. 그러나 많은 동물은 수 킬로, 수십 킬로 떨어진 곳에서도 원래의 장소로 돌아갈 수 있다. 절대 좌표로 사물의 위치를 표현하는 언어 화자는 상대적으로 사물의 위치 관계를 표현하는 화자에 비해 추측항법 능력도 뛰어나게 되는 것일까.

실제로 그런 것 같다. 네덜란드의 막스·플랑크연구소Max-Planck-Institut 팀은 구구·이미디르를 비롯하여 절대 좌표를 사용하는 몇 개의 언어 화자의 추측항법 능력을 실험을 통해 조사했다. 구구·이미디르족은 수렵민족으로 일상적으로 매우 멀리까지 사냥감을 쫓아가는 생활을 한다. 한편 멕시코 원주민인 테네파파족은 농경민족으로 자신의 마을 주변으로부터 멀리 떨어지는 일은 별로 없다. 이처럼 라이프 스타일이나 환경이 매우 다르지만 모두 절대 좌표로 공간 관계를 표현하는 언어 화자와, 네덜란드어나 영어와 같이 상대 좌표를 주로 사용하는 언어 화자를 대상으로 그 추측항법 능력을 비교했다.

구구·이미디르족 협력자에게는 차로 100km 정도 떨어진 장소에 데리고 가서 그곳에서 '집 방향'을 가리키게 했다. 테네파파족 협력자에 대한 실험에서는 5km에서 10km 정도 떨어진 장소까지 걸어서 이동하여 그곳에 있는 창문이 없는 집안에서 '집 방향'을 가리키게 했다.

어느 쪽의 화자도 매우 정확하게 (오차는 5도 이내) 집이 있는 방향을 알아맞힐 수 있었다. 실제 연구자들이 GPS전지구위치 파악 시스템로 정확한 방위를 측정해서 확인하는 것을 보고 협력자들은 기계가 정확한지 어떤지를 확인하기 위해서 그들에게 방위를 가리키게 한다고 생각했다고 한다. 경로에 대해서 말할 때 자연스럽게 사용되는 몸짓에서도 자신의 방향과는 무관하게 사물이 있는 방위 쪽을 정확하게 가리키는 것이 관찰되었다.

비교를 위해서 네덜란드인으로 빈번하게 숲으로 버섯을 찾으러 가는 사람들을 대상으로 숲속으로 이동하게 하여 똑같이 '집 방향'을 가리키게 했다. 네덜란드인들이 가리키는 방향은 제각각으로, 절대 좌표를 사용하는 언어 화자와는 비교가 되지 않았다고 한다.

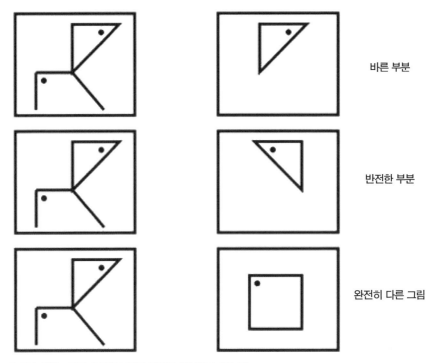

바른 부분

반전한 부분

완전히 다른 그림

〈그림 7〉 왼쪽 그림과 오른쪽 그림의 관계를 인식할 수 있는가

거울상 관계를 구별하지 않는 인식

앞에서 소개한 바와 같이 멕시코 원주민 테네파파족의 언어는 좌, 우라는 말이 없이 절대 좌표로즉, 동서남북의 방향의 명칭을 사용해서 공간 관계를 말한다. 막스·플랑크연구소 팀은, 네덜란드어 화자와 테네파파어 화자에게 매우 재미있는 실험을 했다. 〈그림 7〉과 같은 그림을 보여주고 각각 오른쪽의 그림이 왼쪽의 전체 그림 속의 부분인지 어떤지를 판단하게 한

것이다. 그때 오른쪽에는 전체의 그림에 포함되는 '바른 부분', '부분이 반전된즉 좌우가거꾸로 된 그림', '전혀 다른 그림'의 3종류를 보여줬다.

네덜란드어 화자는 언제나 '바른 부분'을 선택하고 실수하는 일은 없었다. 그러나 테네파파어 화자는 전혀 형태가 다른 그림을 선택하는 일은 없었지만, 좌우반전 그림은 자주 선택했다. 바른 방향으로 그려진 부분과 좌우 반전된 거울상의 부분과 구별이 되지 않는 듯했다. 즉, '좌', '우'라는 말을 갖고 있지 않다는 것은 좌우 방향만의 차이에는 주의를 기울이지 않고 거울상 관계를 동일한 것으로서 생각하는 것 같다.

문화인가 언어인가?

네덜란드어 화자와 테네파파어 화자처럼 언어뿐만 아니라 문화 수준, 특히 교육의 수준이 현저하게 다른 사람들을 비교할 경우, 행동의 차이가 교육 수준과 문화의 차이가 아닌, 정말로 언어에 의한 것인가 하는 의문이 남는다. 이 의문은 문화, 교육의 수준이 같고, 언어만 다른 두 개의 그룹을 비교하면 분명해진다.

테네파파족과 같은 멕시코 원주민으로 생활방식, 환경, 교육 수준이 매우 비슷한 토토낙Totonac족은 그 비교에 최적이다. 이 부족 사람들은 테네파파족과 마찬가지로 성인의 대부분은 초등학교 정도의 교육밖에 받지 않았고, 글자를 읽지 못한다. 그러나 토토낙어에서는 상대적 구조에서의 공간 관계에 관한 단어를 가지고 있으며, '좌', '우'에 상당하는 말도 있다.

이 토토낙족의 피험자는 테네파파족과 달리 좌우 반전된 부분을 '전체의 그림에 포함되는 부분'으로서 선택하는 일은 없었던 것이다. 즉 테네파파족의 사람들이 좌우 반전된 그림을 원래의 그림과 구별하지 않았던 것은 '좌', '우'라는 말이 없었기 때문이라고 생각해도 좋을 것 같다.

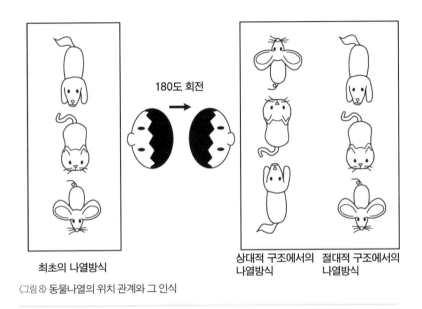

180도 회전

최초의 나열방식

상대적 구조에서의 나열방식

절대적 구조에서의 나열방식

〈그림 8〉 동물나열의 위치 관계와 그 인식

180도 회전해서

이 그룹의 연구자들은 일렬로 줄 세운 동물 장난감을 본 다음 180도 방향을 바꾸어서 동물의 줄을 재현하는 과제를 네덜란드인과 테네파파족을 대상으로 한 번 더 실시했다.

이 상황도 무엇이 '같은 관계'가 되는지가 문제가 된다. 동물의 줄<그림 8>의 '최초의 나열 방식'을 본 사람이 '자신을 중심으로 왼쪽이 선두'라는 식으로 동물 줄의 위치 관계를 파악해서 180도 뒤집었을 때, 역시 '자신을 중심으로 왼쪽이 선두'인 것이 '같은 관계'라고 인식했다면 〈그림 8〉의 '상대적 구조에서의 나열 방식'과 같은, 절대적 방위에서는 반대되는 나열 방식이 '같은 나열 방식'이 된다.

그에 반해 자신을 중심으로 생각하지 않고, 처음부터 절대적인 방위를 '같다'라는 인식 기준으로 삼는다면 〈그림 8〉의 '절대적 구조에서의 나열 방식'처럼 나열하는 사람의 방향이 180도 뒤집혀도 동물 방향의 방위는 바뀌지 않는다. 그 대신에 자신을 중심으로 한 좌우는 반대 방향이 된다.

실험해 본 결과 네덜란드인은 대부분이 상대적 구조를 취하여 동물을 나열하고, 테네파파족의 다수는 절대적 구조를 취하여 나열했다. 이 결과로부터도 언어의 차이가 위치 관계의 '같다'라는 인식에 영향을 끼친다고 말할 수 있을 것 같다. 이 상대적 구조 우위와 절대적 구조 우위의 언어 화자의 인식 차이는 어디서부터 시작되고 어떻게 길러지는 것일까. 이것에 관해서는 제4장에서 다시 한번 다루고자 한다.

시간의 인식

시간의 말과 공간의 말

우리는 시간에 관해서 자주 이야기한다. 시간이란 것은 눈에 보이지 않는다. 눈에 보이지 않는 시간에 관해서 말할 때 어떻게 할까. 시간을 공간에 비유해서 말하는 것이다. 전 세계 대부분의 언어에서 시간에 관한 언어표현은 공간의 위치 관계의 표현과 같은 말로 표현된다. 예를 들어, 과거에서 미래로의 시간의 흐름 안에서 상대적으로 사건을 배치할 때

'전'이나 '후'라는 말을 사용하고, 시간 간격의 길이를 표현하는 데에 공간의 거리와 마찬가지로 '길다', '짧다'라는 말을 쓴다. 이것은 일본어뿐만 아니라 영어를 비롯한 많은 언어에서도 마찬가지다.

그런데 '전', '후'라고 하는 것은 이미 기술한 공간의 위치 관계를 상대적 구조로 파악했을 때의 말이다. 그러면 공간표현에 있어서 '전', '후', '좌', '우'라는 상대적 구조의 말을 갖고 있지 않은 언어에서는 시간상의 위치 관계를 어떤 식으로 표현할까.

앨리스 개비Alice Gaby라는 언어학자는 호주 원주민 중, 포름프로Pompu-raaw라는 공동체에서 쓰이고 있는 쿠쿠 쎄이요르Kuuk Thaayorre라는 언어를 조사했다. 이것은 구구·이미디르와 마찬가지로 '동', '서', '남', '북'으로 사물의 위치 관계를 나타내는 언어이다. 이 언어에서는 '어제', '내일', '바로', '다음번' 등, 시간상의 점이나 길이에 관한 표현은 몇 개인가 있지만 절대 방위에 관한 말에서 비롯되는 비유는 특별히 없다고 한다. 하루 중의 시간낮.저녁 등은 태양의 위치를 말하는 것으로 표현한다. 예를 들면 정오에 가까운 시간은 '태양이 머리 위 높이 있을 때'라고 말한다. '전', '후', '좌', '우'와 같은 상대적 구조 안에서의 관계를 표현하는 말 또는 상대적 구조의 공간어가 시간으로 비유적 확장을 한 경우는 확인된 바 없다고 한다.

동에서 서로 흐르는 시간

가비는 실험심리학자인 리라 보로딧츠키Lera Boroditsky와 함께 "이 언어 화자가 시간에 관한 언어표현에 있어서 명시적으로는 절대방위의 단어를 사용하지 않음에도 불구하고 인식적으로는 시간을 공간과 마찬가지로 절대적인 구조로 파악하고 있는 것은 아닐까"라고 생각하고 그것을 확인하기 위해 실험을 실시했다.

그들은 쿠쿠 쎄이요르 화자와 미국의 영어를 모어로 하는 대학생을 대상으로 하여 다음과 같은 과제를 수행했다. 동물과 사람의 성장 과정출생시, 아동기, 청년기, 장년기, 노년기 등 명백히 시간 추이의 순서를 알 수 있는 한 무리의 사진을 보여주고, 그것을 시간에 따라 나열하도록 했다. 실험참가자가 한창 과제를 하는(즉 사진을 시간 순으로 나열하고 있는) 도중에 방향이 바뀌도록 장소를 조금씩 바꾸게 한다. 앞서 언급한 동물을 줄 세우는 실험 때와 같이 방향이 바뀌었을 때 자신을 기준으로 좌우를 유지하는지, 절대적인 방위를 유지하는지를 보기 위해서이다.

미국인 참가자는 어느 방향이 되더라도 반드시 사진을 오래된시간상으로 먼저 일어난 순부터 자신의 왼쪽에서 오른쪽으로 나열했다. 이와 달리 쿠쿠 쎄이요르어 화자는 자신의 방향에는 관계없이 동쪽에서 서쪽 방향으로 오래된 것부터 새로운 것을 나열한 것이다. 그들은 자신을 중심으로 왼쪽에서 오른쪽혹은 그 반대, 혹은 먼 쪽에서 자신을 향해서혹은 그 반대라는 듯이 자신을 중심으로 상대적 구조에 따라서 사진을 나열하는 일은 없었다. 즉, 자신이 말하는 언어로 공간 관계를 상대적 구조에 준하여 표현할 때는 과거에서 미래로 시간의 흐름을 자신을 중심으로 상대적으로 파악해서 생각하고, 자신의 언어가 절대적 구조를 따를 때는 절대적인 방위에 따라서 특정의 방위에서 그 반대의 방위로 시간이 흐른다고 생각하는 경향이 있다는 것을 알게 되었다.

워프 가설은 옳은가

공간이나 시간의 인식

결국 워프 가설은 옳은 것일까. 이 장에서는 색의 인식, 사물의 인식, 성의 인식, 공간의 인식, 시간의 인식에 관해서 워프 가설을 검토한 여러 실험을 소개했다. 많은 경우에 워프 가설은 옳다고 말할 수 있을 것 같다. 특히 이 장의 후반에서 소개한 공간 관계나 시간에 관해서는 어떠한 언어를 말하느냐에 따라 크게 인식의 방식이 달랐다고 말할 수 있을 것 같다.

그러나 언어가 다른 화자의 인식이 워프가 말한 만큼 다르냐 하면 그것은 이론異論이 나올 것 같다.

색이나 사물의 인식

워프는 서두에서 소개한 바와 같이 세계는 '다양한 인상의 변화무쌍한 흐름'으로 제시되어 있고, 언어가 그것을 정리하고, 질서를 세운다고 주장했다.

그러나 이 장에서 소개한 다양한 실험의 결과로 보면 색이나 사물의 인식에서는 언어에 의한 화자의 인식 차이는 광범위에 이르는 본질적인 것이 아니라 카테고리의 경계를 일그러뜨리거나, 분류할 때에 주목하는 지각특징이 조금씩 변하거나 하는 정도라고 말할 수 있을 것 같다. 즉, 우리가 보는 세계는 워프가 생각한 것처럼 만화경과 같이 변화무쌍하고 무질서해서, 언어가 없으면 전혀 정리되지 않는 것도 아니라고 할 수 있다.

이렇게 생각해 보면 언어에 의한 세계의 분할 방식은 매우 다양하지만, 거기에 어떠한 질서가 있고 보편적인 것이 있지 않을까 생각된다. 다음, 제3장에서는 이 문제에 관해서 다루어 보자.

제3장

언어의
보편성을
탐색하다

여기까지 제1장과 제2장을 통해서 언어는 확실히 사람이 세계를 보는 관점^{지각}, 분류, 기억, 추론 등 사고의 다양한 측면에 영향을 미치지만, 언어의 카테고리가 반드시 사고의 카테고리와 완전히 일치하는 것은 아니고 언어에 의한 구별이 있든 없든 사람에게는 보편적으로 존재하는 지각 메커니즘이나 개념이해가 존재한다고 기술했다.

사람의 사고에 언어와 관계없이 공통의 기반이 있다면 언어 자체에도 그 배후에 얼마간의 규칙성, 공통성이 잠재하고 있는 것일까.

언어의 보편성

공통성은 찾기 어렵다

실은 다양한 언어 간에 잠재하는 공통성을 찾아내는 것은 차이를 찾아내기보다 어렵다. 이것은 언어에 국한된 것은 아니다. 일란성 쌍둥이처럼 겉모습이 구분하지 못할 정도로 닮았을 때는 '닮았다'는 것은 바로 알 수 있다. 그러나 외관이 전혀 다른 두 사람의 공통점은 차분히 관찰하

지 않으면 알 수 없고 '성격의 명랑함' 등과 같이 상당히 추상적인 레벨이
된다.

다른 언어끼리는 각각 말의 음도 다르고, 말을 정리하는 규칙 즉 문법
도 다른 것이다. 그 때문에 외국어를 처음 듣고 바로 이해할 수 있는 것이
아니라 매우 노력해서 공부하지 않으면 외국어를 습득할 수 없는 것이
다. 그렇듯이 음도 개념의 어휘화의 방법(즉 어느 개념영역을 몇 개의 단어로
어떻게 나누고 하나하나의 단어가 어느 의미 기준으로 어떠한 의미 범위를 커버하는
가)도 다른 복수의 언어 사이에서 공통성을 찾아내려 한다면 필연적으로
그것은 표층적으로 바로 알 수 있는 것이 아닌 추상적인 레벨에서의 공
통성이 된다.

생성문법의 지적

예를 들어 영어와 일본어는 어순이 다르다. 영어에서는 명사 앞에 관
사가 붙지만, 일본어에는 관사가 없다. 이들 차이는 영어 공부를 막 시작
한 학습자라도 바로 알아차린다. 그러나 이러한 표면적인 차이에도 불구
하고 일본어에서도 영어에서도(혹은 세계의 어떤 언어에서도) 모든 문장은
반드시 명사와 동사를 포함한다(단, 일본어에서는 명사는 표면적으로는 생략되
는 경우가 많지만, 문장의 심층에서는 없어서는 안 된다). 동사에는 타동사와 자
동사가 있다. 문장은 그 안에 다시 문장을 넣을 수 있는 순환적인 구조를
가지는 등의 공통점을 지적한 것이 생성문법이다.

그러면 단어의 레벨에서도 언어 간에 보편적으로 공통되는 경향은 있
는 것일까.

사물의 이름을 붙이는 방법의 보편성

기초카테고리의 명칭

제1장에서 잠깐 기술한 바와 같이 우리는 온갖 기준으로 무한의 카테고리를 만들 수 있다. 우리는 '개'나 '고양이', '토끼' 같은 동물의 종류가 각각 통합된 카테고리이고, 각각에 이름이 있는 것을 당연하게 생각한다. 그러나 색의 예에서 본 것처럼 자신에게 있어서 당연한 세계의 구분 방법이 반드시 어느 언어에서도 공통된다고는 할 수 없을지도 모른다.

예를 들어 그럴듯한 논리로서 '개', '고양이', '토끼'의 구별 없이 합쳐서 '집에서 기르는 귀여운 작은 동물' 혹은 '이리', '사자', '코끼리', '곰' 등을 함께 하나로 묶어서 '크고 힘이 강한 동물'이라는 이름을 붙이는 언어가 있어도 괜찮을 것이다. 앞서 기술한 대로 기초어로 말馬을 매우 상세히 구별하거나 눈雪을 상태에 따라 몇 개의 이름으로 구별하는 언어가 있다. 이것으로 미루어 생각하면, 각각의 문화에 있어서의 유용성이 이름이 붙는 카테고리를 결정하고 있으므로, 기초어로 이름이 붙는 카테고리는 언어(더욱 정확하게는 그 언어를 사용하는 문화)에 따라서 전혀 다르다는 가능성도 생각하지 않을 수 없다.

이 책의 서두에서도 기술한 것처럼 사물의 카테고리는 사물을 묶는 추상도의 정도에 의해 계층적으로 구성되어 있다. 예를 들어 '개'라고 하는 일반 레벨의 종을 나타내는 카테고리 아래에 '닥스훈트', '푸들', '시바견', '아키타견' 등 개 종류의 이름이 있다. 개 브리더breeder나 애완동물가게의 점원 등은 각각의 견종닥스훈트 등을 더욱더 상세하게 종류에 따라 나눈다. 나무도 '너도밤나무'나 '단풍나무'는 더욱더 상세하게 분류되어 각각에 이름이 붙는다.

반대로 '개'나 '너도밤나무'보다도 추상도를 높여서 즉, 더 큰 묶음으로 사물을 묶는 것도 가능하다.

분류학적으로 묶는다면, 예를 들어 동물은 '개과'처럼 '개', '늑대', '여우', '너구리' 등을 묶고, 나아가 '포유류', '파충류'와 같은 묶음으로 묶고, 더 나아가 '동물'이라고 하는 큰 범위로 묶고, '생물', '유기물'과 같이 넓게 묶어 간다. 혹은 생활에 더 밀착된 관점에서 '펫pet', '가축', '해수害獸'와 같이 묶는 방법도 있다.

문화의 차이를 뛰어넘는 공통성

이와 같이 세계의 사물을 다양한 추상정도나 목적으로 카테고리로 정리하는 것이 가능한 가운데 문화, 언어에 보편적으로 기초어 이름이 붙는 카테고리는 있는 것일까?

많은 문화 인류학자가 이 물음에 답하기 위해 세계 각지의 현장에서 조사해 왔다. 이들 조사 결과를 종합적으로 살펴보면 확실히 문화적으로 중요한 것에는 자세하게 이름이 붙지만 이름이 붙는 카테고리가 문화에 있어서의 유용성에 의해서만 결정된다고는 할 수 없는 것 같다. 즉, 기초어 카테고리를 만드는 방법은 언어 사이에 상당히 보편성이 있다는 것을 알게 되었다.

기초어는 전체적으로 보면 전혀 다른 언어 그룹에 속하고, 문화도 매우 다른 언어끼리도 상당히 일치도가 높아서 과학적인 분류에서 일반 카

테고리에 붙여지는 경우가 대부분이라는 것을 알게 되었다. 예를 들어 나무의 이름은 '○○나무'와 같이 '나무'를 어간으로 한 복합어가 아니라, '너도밤나무ブナ', '단풍나무カエデ', '벚꽃サクラ', '층층나무ミズキ' 등과 같이 기초어로 나타낸다. 물고기의 이름도 '○○어'가 아니라 물고기의 종류에 의해 '정어리イワシ', '도미タイ', '농어スズキ' 등의 기초어로 된 이름을 가진다. 이것은 반드시 삼림에 둘러싸인 장소에 거주하고, 일상생활이 나무와 깊이 관계되는 문화, 바다 근처에서 매일 물고기를 잡고 먹는 문화가 아니더라도 변하지 않는 것이다. (예를 들면, 영어에서도 물고기 이름의 대부분은 기초어이다. 다만 물고기를 그다지 먹지 않는 사람은 물고기를 구별할 줄 모르기 때문에 어류fish로 끝내 버린다. 우리만 해도 '너도밤나무ブナ', '단풍나무カエデ' 등의 나무 이름은 기초어지만 구별할 줄 모르기 때문에 단순히 '나무'로 끝내 버리는 일이 많다.)

한편 이 일반적인 종의 카테고리보다도 큰 묶음의 카테고리가 되면, 묶는 방법은 문화에 따라서 상당히 다양해진다. 예를 들어 일본어나 영어의 '펫pet'이라는 개념에 해당하는 카테고리를 갖고 있지 않고, 따라서 그것을 단적으로 나타내는 이름이 없는 언어는 다수이다. 또, 비록 '펫'에 상당하는 말을 가지고 있다고 해도 구체적으로 어떠한 동물이 '펫'인가는 언어文化에 따라 크게 다를 것이다.

이런 유의 좋은 예가 '잡초'와 '허브'이다. 같은 일본 내에서도 지역에 따라서, 혹은 사람에 따라서조차, 어느 식물을 '잡초'로 간주할 것인가는 다르다. 약효 등의 유용성이 있다고 생각되면 어떠한 식물도 '허브'가 될 수 있고 아무런 유용성도 없다고 생각되면 '잡초'가 된다. 어떤 사람에게 있어서 '잡초가' 다른 사람에게 있어서는 훌륭한 '허브'가 될 수 있다. 그러나 '개'나 '너도밤나무'와 같은 카테고리에 어느 개체가 들어가고 어느 개체가 들어가지 않는가는 문화가 달라도 거의 변하지 않는다.

기초레벨은 특별한 카테고리

심리학자인 로쉬는 이 '개'와 '너도밤나무'와 같은 레벨의 카테고리를 '기초레벨의 카테고리'라 부르고, 사람에게 있어서 언어, 문화와 관계없이 보편적으로 가장 자연스럽게 세계를 분할한 카테고리이다, 라고 했다. 즉, '허브', '잡초', '펫', '유대류', '파충류'와 같은 상위의 큰 카테고리만 기초어의 이름을 가지고, '개'나 '너도밤나무'와 같은 일반적인 종의 레벨의 이름이 없는 언어는 없다는 것이 예측된다. 물론, '○○가 없다'는 것을 증명하는 것은 세계에 존재하는 모든 언어에서 없는 것을 확인할 수 있을 때까지는 불가능하지만 지금까지 문화 인류학자나 언어학자가 전 세계에서 행한 조사에 한해서는 이 예측을 뒤엎는 언어는 확인되지 않았다.

많은 언어에서 기초레벨의 카테고리를 더욱 상세하게 분할한 카테고리에 붙는 이름은 단일 형태소로 이루어지는 기초어가 아닌 '○○개', '○○너도밤나무'와 같은 기초어를 수식하는 복합어가 되는 경향이 강해진다. 다만, 그 문화에 있어서 매우 중요한 경우에는 기초어로 자세히 구별하는 경우가 있다. 제1장에서 소개한 이뉴잇어가 눈雪을 그 종류에 따라 매우 자세하게 기초어로 나누어 부른다는 것이 그 전형적인 예이다. 그러나 이 경우, 종種의 과학적인 분류에 의해서 자세하게 나누기보다도 생활상의 유용성에 의해 나누는 말이 주류가 된다. 즉, 말馬을 혈통에 따라 상세하게 나누어 부르기보다도 '새끼가 있는 암말', '거세된 수말', '농경용 수말' 등의 카테고리에 기초어 이름을 붙이는 경향이 강해지는 것이다. 그러나 이처럼 기초레벨보다도 상세한 묶음의 카테고리를 기초어로 구별하는 경우에도 기초레벨의 단어를 기초어가 아닌 복합어로 표시하는 사례는 적다.

최초의 질문, 즉 언어, 문화에 의존하지 않는 보편적인 카테고리가 존재하고, 보편적인 이름을 붙이는 방법이 있는가 하는 문제로 돌아가 보자. 사물의 세계에만 한정해서 말하면, 그것은 존재한다는 결론이 된다. '개'나 '너도밤나무'와 같은 일반적인 종의 레벨은 '기초레벨'이라고 불린다. 이 레벨에서의 분류는 언어·문화의 차이를 넘어서, 보편적으로 기초어로 이름을 붙인다. 이 레벨보다도 큰 묶음, 혹은 더욱 상세한 분류는 그 언어를 말하는 문화에 있어서 그 대상이 어느 정도 중요하냐는 것으로 이름을 붙이는 방법이 다르고, 중요하다면 기초어로 이름을 붙이지만, 중요하지 않으면 이름을 붙이지 않는다. 그리고 복합어 또는 '화재 때에 들고 나가는 물건'과 같이 에둘러 말하는 방법 등으로 표현하는 경우가 많다.

아이도 아는 차이

왜 기초레벨의 카테고리는 문화적 유용성의 유무와 관계없이 보편적으로 기초어로 이름을 붙이는 것일까. 앞에서도 기술한 것처럼 기초레벨의 카테고리는 과학적으로 분류되는 일반적인 종의 카테고리와 거의 일치하는 카테고리이다. 또한 아이가 맨 처음으로 익히는 이름이기도 하다. 아이는 개를 보고 '동물'이라고는 하지 않고 '○○개'라고도 하지 않고 '개', '고양이', '토끼'라는 단어를 먼저 익히고 말하는 것이다. 이 또한 다양한 언어에서 보편적으로 보이는 현상이다.

기초레벨 카테고리의 특징은 같은 카테고리의 멤버 간에 유사성이 매우 높은데다가, 인접한 카테고리의 멤버와의 유사성이 낮고 혼동하기 어렵다는 것이다. 개와 고양이의 상세한 종류^{닥스훈트와 비글, 시바견과 아키타견 등}를 바로 구분하는 것은 지식이 없으면 좀처럼 불가능하지만, 닥스훈트가 개인 것, 얼룩 고양이는 개가 아니라는 것은 보는 것만으로 아이라도 금방 안다. 개 브리더^{breeder}나 임업전문가는 각각 개나 나무에 관한 매우 상세한 종류까지 알고 있어서, 보는 것만으로 닥스훈트 중에서도 다양한 종류를 분별하거나 개체식별 등도 가능하지만 그렇게 되기까지는 상당한 세월과 훈련을 거쳐야 한다. 기초레벨의 카테고리는 경험이 거의 없어도 바로 알아볼 수 있고, 새로운 대상이 그 카테고리의 멤버인지 아닌지 판단할 수 있는 그러한 카테고리인 것이다.

미국의 문화인류학자인 브렌트 베를린^{Berlin Brent}은 기초레벨의 카테고리를 '세계가 자기 자신을 분할하여 이름을 붙일 수 있도록 기다리고 있다'라고 말하고 있다. 앞서, 다른 언어 간의 공통성을 찾는 것은 차이를 찾기보다도 어렵다고 말했지만, 기초레벨·카테고리의 이름은 그것의 예외라고 해도 좋을 것이다.

그러면 사물의 이름 이외에, 마찬가지로 언어의 차이를 넘어서 보편적으로 개념을 분할하고 같은 범위, 같은 경계를 지니는 카테고리에 이름을 붙이는 경우가 있을까.

색의 이름을 붙이는 방법의 보편성

색이름이 언어에 따라서 상당히 다른 것은 이미 기술했다. 사물, 특히 동물이나 식물 등 자연에 존재하는 자연물의 기초레벨의 카테고리는 이웃한 카테고리 간에 '자연스러운 단락'이 누구에게나 보이는 형태로 존재한다. 그러나 색은, 색의 연속적인 띠 안에서 명확한 단락이 존재하는 것은 아니다. 우리들 인간이 말로써 단락을 지어가는 것이다. 그러면 그 단락을 짓는 방법에는 세계의 언어 간에 어떤 보편적인 원칙을 발견할 수 있는 것일까.

절대적인 원칙

어떤 언어에서도 지각적인 유사성을 완전히 무시한 형태로 이름을 붙이지는 않는다는 것은 큰 원칙이다. 예를 들어 색의 띠 중에서 가운데를 빼고 그 양옆의 영역에 같은 이름을 붙이고, 가운데에 다른 이름을 붙이는 것 같은 일은 없다. 즉, 일본인이 말하는 노랑과 파랑을 하나로 묶어서 같은 명칭으로 부르고 그 사이에 있는 녹색의 영역에 다른 이름을 붙이는 일은 하지 않는 것이다.

그러면 색에 이름을 붙이는 방법에서 언어 보편적으로 존재하는 원칙은 그것뿐이고, 나머지는 각각의 언어가 색 공간을 제멋대로 끊어서 이름을 붙이고 있는 것일까?

세계·색·조사

제1장에서 소개한 힘바어나 베린모어의 예만 봐도, 색의 카테고리화, 그에 따라 기초어로 색의 이름을 붙이는 방법은 언어에 따라서 다종다양 多種多樣하고, 색의 공간은 어떤 방법의 분할도 가능한 것처럼 생각될지도 모른다.

캘리포니아대학의 폴 케이Paul Kay연구그룹은 대다수의 언어가 따르는 언어 보편적인 색공간의 분할 방법이 있는가, 혹은 색공간의 분할은 언어에 따라서 완전히 자의적으로 행해지고 있는지를 조사하기 위해 110개의 지역이 다른 언어의 화자(여기에는 근대화된 산업사회와 전근대적 비 산업사회의 양쪽이 포함되었다)에게 먼셀 컬러표의 330개의 칩을 보이고 각각의 칩의 색이름을 묻는 것과 함께 그 사람이 든 색의 이름 각각에 있어서 어느 칩이 가장 대표적인가를 물었다캘리포니아대학 버클리캠퍼스 The World Color Survey.

각 개인이 '가장 대표적인 색'이라고 선택한 칩을 '히트'라 하고, 110개 언어의 데이터를 모두 합쳐서 '히트'의 수를 하나하나 세어 보았다. 그러자 가장 많은 사람이 '히트'라고 선택한 것은 색상의 양 끝으로 채도가 0, 즉, 영어 화자가 하양다운 '하양'과 검정다운 '검정'이라고 판단한 칩의 색이었다.

제2장에서 색이름이 두 개밖에 없는 언어에서는 '밝은색'과 '어두운색'이라고 하는 정리 방법으로 각각에 이름을 붙이고 각각의 전형 색은 우리가 생각하는 '하양'과 '검정'이라고 했지만, 전 세계의 언어를 전부 정리했을 때의 전형적인 색도 마찬가지로 '하양'과 '검정'이 된다는 것은 흥미롭다.

세계 언어의 평균은

또 하나 재미있는 것으로 영어 화자가 '하양', '검정', '초록', '노랑', '파랑'이라고 판단한 칩의 주위에 110개의 언어 화자의 '히트'가 집중됐다. 즉, 전 세계의 매우 많은 언어를 함께 하면, 영어에서 색 공간을 분할하는 분류 방법이 나타난 것이다.

영어와 일본어는 전혀 다른 어족에 속하고, 매우 먼 관계이지만 색이름에 관해서는 이 두 언어는 매우 일치도가 높고 영어의 색이름에 대응한 색이름이 일본어에도 존재한다. 앞에 소개했던 로쉬의 유명한 실험에서도 두 개의 색이름 밖에 없는 다니어 화자가 영어에서 기초명으로 구별하는 각 색의 가장 전형적인 색을 그 이외의 색보다도 쉽게 기억하고, 신기한 이름을 가르쳐도 잘 기억할 수 있었다. 그러한 것과 관련지어 생각하면 색의 연속적인 띠 중에서 언어 보편적으로 초점이 되는 색은 존재하고, 그것에 가까운 것이 영어나 일본어 각각의 이름의 전형색이 되는 것 같다.

동작의 이름을 붙이는 방법의 보편성

사람의 움직임을 표현하는 방법은 언어 간에 매우 다양한 것을 제1장에서 소개했지만, 여기서도 다양성의 배후에 뭔가 보편적인 공통성을 끌어낼 수 있는 것일까.

'걷다', '달리다'의 실험

일본어에서는 육상에서의 사람의 신체 이동을 나타내는 동사로 '걷다 ァルク'와 '달리다ハシル'밖에 구별하지 않는 것을 영어에서는 어떠한 양상으로 움직이는가에 따라 좀 더 자세하게 동사를 구별해서 쓴다는 것은 이미 기술한 대로이다. 그러면 전 세계의 다양한 언어에서 일련의 이동 동작을 나타낼 때 일본어와 전혀 다른 기준에서 일본어로 '걷다', '달리다'로 표현하는 일련의 동작을 나타내는 동사가 있을까.

이것을 조사하기 위해 필자는 미국인 심리학자 바바라 몰트Barbara C Malt를 비롯한 해외의 공동연구자들과 함께 실험을 실시했다. 우선, 헬스클럽에서 자주 보는 러닝머신으로 사람이 운동하고 있는(즉, 걷거나 달리는) 일련의 동작을 비디오로 촬영했다. 기계의 속도와 경사의 설정을 단계적으로 바꾸며 모델에게는 벨트의 움직임에 맞춰서 움직이게 했다. 경사는 0도평지, 4도, 8도의 3단계로 설정, 속도는 시속 1.5마일2.4km부터 시작해 1마일마다 증가시켜 최고시속 8.5마일13.7km까지로 설정했다.

속도의 각 단계를 세 개의 경사 설정과 편성하였으므로 모두 24개의 비디오를 준비했다. 이 실험에는 일본어, 영어 외에 네덜란드어와 스페인어 화자가 참가했다. 24개의 각각의 비디오에 대해서 각각의 언어 그룹 참가자에게 사람이 '무엇을 하고 있습니까?'(즉, 움직임을 나타내는 말)를 질문했다.

그러자 실험참가자가 구분해서 쓰는 동사의 수는 언어에 따라서 상당히 다르다는 것을 알게 되었다. 일본어가 가장 적어서 '걷다'와 '달리다' 두 개의 동사만이 각각의 비디오에서 사용된 단어였다. 스페인어에서는 caminar(걷다), trotar(종종걸음으로 달리듯이 걷다), correr(달리다)라는 세 개의 동사가 사용되었다. 영어는 walk(걷다), jog(천천히 달리다), run(달리다), sprint(전력 질주하다)의 네 개였다. 가장 많은 것이 네덜란드어로, 일련의 비디오에서 wandelen(걷다), stappen(걸어서 앞으로 나아가다), slenteren(한가로이 거닐다), snelwandelen(빨리 걷다), lopen(빨리 걷다, 경보처럼 걷다), ren-nen(달리다), joggen(조깅하다)의 일곱 개의 동사가 구별되어 쓰였다.[*]

다른 언어에서의 구별 사용

이것만을 생각하면 각 언어는 일본어에서 '걷다', '달리다'로 일컫는 일련의 동작을 각각 마음대로 분할하고 있는 것처럼 생각된다. 그러나 단계적으로 조금씩 변화하는 영상을 각각의 언어에서 어떤 단어로 나타내고 있는가를 좀 더 상세히 살펴보면, 어떤 영상이 하나의 단어에서 다른 단어로 바뀌는 경계가 되느냐는 점에서 아주 명확한 규칙성이 있는 것을 알았다.

우선, 동사의 수가 두 개밖에 없는 일본어를 보면 걷다와 달리다의 경계는 매우 분명하고 90% 이상의 사람이 같은 영상을 경계로 걷다와 달리다를 가려 쓰는 것을 알았다. 즉, 경계선인 영상에 대해서 절반의 사람이 걷다, 절반의 사람이 달리다를 적용하는 것과 같은 애매함은 없고 거의 전원이 속도가 단계적으로 변화하는 한 지점에서 갑자기 걷다에서 달리다로 전환했다.

---

[*] (괄호) 안의 역어는 각 언어의 뉘앙스 차이를 전하기 위해 편의적으로 표시했다.

경사는 그다지 영향이 없고, 어느 경사에서도 속도가 같은 영상에서 걷다에서 달리다로 바뀌었다.

게다가 영어 화자와 스페인어 화자는 일본어의 걷다와 완전히 같은 비디오군에 walk와 caminar을 각각 사용하고, 그다음 단계로 설정한 속도의 영상에서부터 다른 동사를 사용했다.

네덜란드어 화자는 일본어 화자가 걷다라고 표현한 일련의 영상에 대해서 snelwandelen, stappen, wandelen, slenteren이라는 네 개의 동사를 구별해서 썼다. 그러나 그들 동사는 걷다의 범위를 세세하게 분할한 것으로 역시 일본어 화자, 영어 화자, 스페인어 화자가 각각 걷다에서 달리다로, walk에서 jog로, caminar에서 trotar로 바꾼 동일한 비디오를 경계로 rennen으로 바꾸었다.

전환 방법도 일본인과 마찬가지로 경계가 되는 영상은 두 개의 동사를 한 데 섞어서 사용하는 것이 아니라 어떤 동사에서 다른 동사로 거침없이 바뀠다.

즉, 일본어, 영어, 스페인어, 네덜란드어라는 다양한 언어에서 확실히 일본어로 걷다, 달리다로 표현할 수 있는 일련의 움직임을 얼마나 상세하게 분할하는가는 다르지만, 일본어의 걷다와 달리다의 경계는 어느 언어에서나 지켜졌고, 걷다와 달리다의 경계를 넘나들며 같은 동사를 사용하는 일은 없었다.

이것에서, 걷다라는 동작과 달리다라는 동작에 본질적인 차이가 있는 것, 어떠한 언어의 화자도 그 차이를 지각할 수 있고, 그것이 단어 사용법에 나타나 있다고 생각할 수 있을 것 같다.

보편성과 다양성, 어느 쪽이 큰가

문화를 뛰어넘은 공통성

이 책의 시작에서 언어의 다양성에 관해서 몇 가지 예를 들어 기술했다. 예를 들면 색에 관해서는 언어에서 색의 세계를 분할하는 방법은 전 세계의 여러 언어 간에 다 똑같지는 않다. 하지만 그렇다고 해서 여러 언어가 색을 카테고리로 나누고 이름을 붙이는 방법에 아무런 규칙성도 없는 것은 아니다. 앞서 기술한 바와 같이 매우 많은 언어를 모아서 평균을 내면 색 영역의 '가장 자연스러운 분류 방법'이 어렴풋이 보인다.

사물의 이름에서도 비슷한 방법을 적용할 수 있을 것 같다. 전 세계의 언어는 사물을 카테고리로 분류하고 그것에 이름을 붙일 때 완전히 같은 방법으로 구분하는 것은 아니다. 그 언어 화자들의 환경, 문화에서 중요한 것은 자세히 구별해서 다른 이름으로 부르고 있다. 그러나 사물에 이름을 붙이는 방법이 모두 문화적 중요성만으로 결정되고, 문화가 다르면 기초어로 이름을 붙이는 카테고리에 보편적인 공통성이 전혀 없는가 하면 절대 그렇지는 않다. 문화적으로도 지리적으로도 산업발전의 정도도 전혀 다른 문화권의 언어를 두루 포함해서 조사하면, 전체적으로 전 세계의 언어는 사물특히 자연에 존재하는 사물을 기초어로 명명할 때에는 언어 간의 일치도가 매우 높고 그것은 과학적인 분류의 일반수준과 거의 겹치는 것을 알았다.

지각할 수 있는 동작의 단락

움직임의 이름을 붙이는 방법도 이와 비슷하다고 할 수 있다. 우리가 걷다, 달리다라는 두 개의 동사를 사용해서 표현하는 사람의 신체를 사용한 이동의 움직임은 다른 언어에서는 더욱더 자세하게 구분되는 일이 많다. 어느 정도로 자세히 구분하는가는 언어에 따라 다르다. 그러나 매우 천천히 걷는 동작에서 일정한 비율로 속도를 올리고 속도를 올릴 때마다 움직임의 호칭을 체계적으로 질문하면 일본어 화자가 걷다에서 달리다로 바꾼 것과 같은 속도의 지점에서 스페인어 화자도 영어 화자도 네덜란드어 화자도 단어를 서슴없이 바꾸는 것을 알게 되었다.

아마도 세계에는 누구라도 지각할 수 있는 명확한 단락이 존재하는 것일 것이다. 사물의 종류가 다르면 외관도 다르다. 걷다-달리다 라는 동작만 해도 속도가 바뀌면 사지의 움직임의 연동 방법이 자연히 바뀌고 그 바뀌는 지점은 많은 사람이 언어·문화에 관계없이 보편적으로 느낄 수 있을 것이다. 그것이 동작의 호칭에 영향을 준다고 할 수 있을 것 같다.

다른 기준에 의한 개념구분

그러나 어떠한 개념 영역이라도 마찬가지로 누구에게나 지각 가능한 공통성이 있다고는 할 수 없다. 예를 들어 제1장에서 '사물을 움직이는 말'의 다양성에 관해서 기술했다. 사물을 들고 다른 장소로 이동하는지, 사물의 이동을 동반하지 않고 단지 들고 있는 것인지 라는 구별은 '들다', '운반하다'를 구별하는 일본어 화자, 혹은 carry와 hold를 구별하는 영어 화자에게 있어서 본질적인 구분처럼 생각된다. 그러나 중국어에서는 이 구분은 존재하지 않는다. 이것은 영어 화자에게 있어서는 믿기 어렵다기보다 받아들이기 어려운 사실일 것이다. 한편 중국어는 영어에서는 전혀 구별하지 않는 사물을 드는 방법에 따라 자세히 동사를 구분한다.

이처럼 어느 언어 화자에게 있어서 완전히 당연시되는 개념의 구분도 다른 언어에서는 당연하지 않고 전혀 다른 기준으로 구분되는 일도 드물지는 않다. 그 좋은 예가 공간상의 사물과 사물의 관계를 나타내는 말이다. 일본어를 말하는 일본인에게 있어서 전, 후, 좌, 우를 사용하지 않고 사물끼리의 관계를 나타내는 것은 상상하기 어렵지만 실제로 그와 같은 말이 존재하지 않는 언어는 많다.

일반적으로 사물의 명칭은 언어 간에 보편성이 높다. 어느 사물의 카테고리와 그것에 인접하는 다른 카테고리 사이의 경계가 지각적으로 명확하기 때문일 것이다. 그러나 사물과 사물 간의 관계에 대해서는 어디에도 명확한 경계선이 없다. 우리들이 존재하는 3차원의 공간상에 공간관계를 카테고리화하기 위한 선 따위 그어져 있지 않기 때문에. 그러나 각각의 언어는 어떤(극히 추상적인) 기준에 따라서 관계의 카테고리를 만들고 그것에 이름을 붙인다. 실제로는 세상에 존재하지 않는 경계선을 언어가 긋는 것이다.

가산성·성별·조수사

마지막으로 사물의 명칭을 또다시 성별로 나누거나 형태나 기능으로 나누거나 셀 수 있다·셀 수 없다는 기준으로 나누거나 하는 문법상의 규칙에 언어 간에 보편성이 과연 존재하는지 어떤지 생각해 보자.

이미 기술한 바와 같이 모든 언어에서 공통으로 적용되는 이름의 분류법은 없다. 그러나 명사를 문법 카테고리로서 카테고리화하는 기준은 무제한, 무제약적으로 존재하는 것도 아니다. 그렇기는커녕 명사를 분류하는 문법은 영어와 같은 가산성 즉 셀 수 있는지 없는지를 기준으로 명사를 분류하는 언어, 이탈리아어나 독일어처럼 명사를 성으로 분류하는 언어, 그리고 일본어처럼 조수사로 명사를 분류하는 언어, 이렇게 크게 셋으로 나눌 수 있다.

세계에 존재하는 언어의 수를 생각하면, 명사를 분류하는 문법이 겨우 3종류로 수렴되는 것은 실은 놀라운 일이다. 게다가 지리적으로 근접해 있는 지역에서 같은 분류를 하는 것이 아니다. 예를 들면 조수사는 일본어, 중국어, 한국어 등 동아시아 지역뿐만 아니라 미국 원주민의 언어 상당수나 아프리카의 많은 언어에서도 볼 수 있다. 성별로 분류하는 언어도 유럽대륙의 인도·유럽어족의 언어만이 아니라 아프리카, 파푸아뉴기니, 남미대륙의 언어에서도 볼 수 있다. 가산성에 관해서 문법적으로 나타내는 언어도 4대륙이나 파푸아뉴기니 등 전 세계에 산재하고 있다.

즉 사물의 가산성, 성, 동물성_{동물인지 아닌지의} 구별이나 형태, 기능 등은 인간에게 있어서 보편적으로 중요한 특징이고, 언어는 그것들에 따라서 명사를 분류한다. 그러나 그 특징 중 어느 것을 선택하는가는 각각의 언어에 따라 다른 것이다. 영어는 가산성에 따른 분류를 선택하고 성과 동물성, 형태에 따른 분류는 선택하지 않았다.

독일어나 이탈리아어는 가산성과 성, 양쪽을 선택했다. 일본어는 동물성, 기능성, 형태 등을 기준으로 분류하는 방법을 선택하고, 가산성이나 성에 따른 분류는 선택하지 않았다.

다시 말해 그러한 특징에 근거하여 몇 개의 분류카테고리를 만드는가도 각 언어의 선택이 된다. 예를 들면 성을 기준으로 명사를 분류하는 언어에서도 생물적인 성을 직접 반영한 남성·여성, 두 개의 카테고리밖에 없는 언어도 있는가 하면 그것을 한층 더 세분화해서 네 개, 다섯 개, 혹은 그 이상의 카테고리로 나누는 언어도 있는 것이다. 앞에서도 기술한 바와 같이 조수사도, 대부분의 언어에서 형태^{가늘고 길다, 평평하다,} 등, 동물성, 기능 등이 구분 사용의 기준이 된다. 틀림없이 그러한 특징들은 인간에게 있어서 모두 중요하고, 두드러지는 분류의 기준일 것이다.

한편 언어에 따라서 그들 특징을 조합하는 방법이 바뀌는 것도 자주 있는 일이다. 예를 들면, 중국어에서는 가늘고 긴 물건에 대한 조수사를, 유연성에 따라 한 번 더 나누어서, 가늘고 길고, 유연한 물건의 조수사^{条 :} tiao(탸오)와 가늘고 길고 유연성이 없는 물건의 조수사^{根 : gen(껀)}를 구별하고 있다. 그에 비해 일본어에서는 유연성에 따른 구별은 없다.

가산·불 가산을 구별하는 문법의 경우 의미의 기준은 명백하다. 그러나 결국 어떤 사물을 셀 수 있는 사물로 간주하고 어떤 사물을 셀 수 없는 사물로 간주할지는 각각의 언어에 따라 차이가 있을 수 있다. 예를 들면 양배추, 브로콜리, 양파, 스파게티 등은 언어에 따라서 셀 수 있는 명사^{가산 명사}로 간주하기도 하고 셀 수 없는 명사^{불가산 명사}로 간주하기도 한다.

성을 기준으로 분류하는 문법도 마찬가지다. 인간의 남성·여성은 어느 언어라도 거의 반드시 각각 남성 클래스, 여성 클래스에 속한다. 그러나 동물은 개, 고양이와 같은 동물 종류의 이름이라면 동물의 수컷, 암컷

따로따로 이름이 있는 것이 아니라 종류 전체로서 남성 여성으로 분류된다. 그때 어느 동물이 남성이고 어느 것이 여성이 되는지는 언어에 따라 크게 다르다. 인공물은 원래 생물적인 성이 없는데도 불구하고 언어가 성을 문법적으로 정한다고 하면 어느 쪽인가의 클래스에 배속되지 않으면 안 된다. 그 경우도 물론 어느 사물이 어느 클래스에 속하는가는 각 언어의 선택에 의한 것이므로 언어에 따라서 크게 달라지는 것이다.

이처럼 생각하면 언어 사이에서 공통으로 주목하여 구별하는 의미특징은 존재하고, 사물의 기초어나 걷다-달리다와 같은 사람의 신체 기능을 직접 반영한 움직임과 같이 다양한 언어가 같은 지점에서 세계를 구분하는 경우도 있다. 그러나 전체적으로 보면 언어가 만들어 내는 카테고리의 다양성은 매우 크다.

언어에 따른 차이와 공통성

언어는 눈으로 볼 수 있는 대상뿐만 아니라 '사랑', '증오', '상냥함' 등 눈에 보이지 않는 대상에도 이름을 붙인다. 또 공간상의 사물과 사물, 또는 사람과 사물의 관계 등을 나타내는데 실제로 존재하지 않는 경계선을 언어가 긋고 각각의 언어에서 독자적인 카테고리를 만든다.

우리들이 지각하는 외계에 누구라도 지각 가능한 명확한 구분이 존재하는 경우에는 여러 언어 사이에 공통하는 보편적 경향이 강해진다. 그러나 지각적인 유사성이 직접 작용하는 사물의 기초레벨의 카테고리 구분 이외의 영역에서는, 금방 알 수 있는 직접적인 언어보편성은 희석되고 공통성은 추상적인 것에서만 볼 수 있게 된다. 즉, 다른 모든 언어 간에 같은 기준으로 구분되어 같은 경계를 가지는 카테고리가 만들어지는 일은 거의 없어지고, 몇 개의 한정된 선택지 안에서의 선택이 된다. 제2장에서 살펴본 큰 테두리는 제한된 가운데에서 다양성이 생겨나는 것이다.

각각의 언어의 특징에 눈을 돌리면 다양성 쪽이 눈에 띄고, 공통성보다도 차이를 발견하기 쉽다. 그러나 사람의 사고의 성질, 언어의 성질을 함께 이해하기 위해서는 다양성뿐만 아니라 공통성에 대한 이해도 매우 중요해서, 그것에 관심을 가지는 것은 필수이다.

제4장

아이들의
사고는
어떻게
발달하는가?

언어를 배우는 과정에서

지금까지는 언어와 사고의 관계에 대해서, 다른 언어의 화자話者가 다른 인식을 가지고 있는 것인가 하는 점에서 생각해 왔다. 일반적으로 언어와 사고의 관계를 생각할 때는 이 관점에서 이야기된다. 그러나 아이들의 개념, 사고가 언어의 학습과 어떠한 관계가 있는가를 생각하는 것도 언어와 사고의 관계를 생각하는 데 있어서 중요하다. 우리 인간은, 동물 중에서 유일하게 언어를 가진 유니크한 존재이다. 우리 인간의 사고는 언어를 가짐으로써 다른 동물과 어떻게 다른 것일까. 그리고 아이들의 사고는 언어를 학습함으로써 어떻게 변하는 것일까.

언어가 만드는 카테고리

언어가 만들어 내는 경계

일본인은 [r]과 [l] 음을 구별하지 못한다는 이야기를 들은 적이 있는 독자는 많을 것이다. [r]과 [l] 같은 음은 두 음 사이의 물리적으로 뚜렷한 차이에 의해 구분된 것이 아닌 연속적인 것이다. 그러나 이들 자음을 구별하는 언어의 모어화자母語話者는 실제로는 없는 경계를 '지각知覺' 한다. 예를 들어, 영어에서 [r]과 [l]로 발음되는 음의 경계 주위의 음을 인공적으로 만들고, 조금씩 변화시킨다. 그때, 영어 화자는 그들 음을 [r]과 [l]이 섞인 음이라든가 중간 음처럼은 인식하지 않는다. 어느 지점까지는 확실히 [r]이라 인식하고, 다음 지점부터는 확실히 [l]이라고 인식한다. 즉 [r]과 [l]은 분명히 '다른 카테고리' 로서 구별되어 지각되고, 실제로는 없는 경계가 화자에 의해 만들어지는 것이다.

색이름에 관해서 언급했을 때, 카테고리 지각에 관해 설명한 것을 떠올려 주길 바란다. 예를 들어, 우리들이 각각 '파랑', '녹색' 이라 생각하는 색 사이에 물리적인 경계선은 존재하지 않는다. 그러나 사람은, 경계 부근의 추이를 연속적인 변화로는 느끼지 않고 지금까지 '파랑' 이라고 생각하고 있던 색을 어느 지점에서 약간의 변화에 의해 이번에는 '녹색' 으로 지각한다. 즉, 음이든, 색이든, 물리적으로는 연속적인, 경계가 없는 지각 세계에 언어는 경계를 만들어 내어 실제로는 존재하지 않는 카테고리를 만들어 내는 것이다. 그러면, 이 카테고리는 언제쯤, 어떻게 만들어지는 것일까.

음音의 카테고리 지각

음의 카테고리 지각에 관해서는, 매우 이른 시기부터 존재하는 것을 알고 있다. 우리가 태어났을 때는 어떤 언어든 단어를 구별하기 위해 필요한 음의 대비를 알아들을 수 있다. 예를 들어 영어에서는 [r]과 [l]을 구별해서 들을 수 없으면, rice쌀와 lice이를 구별할 수 없다. 일본인의 귀에

이 두 단어는 비슷하게 들리지만 갓 태어난 아기에게는 이 차이가 똑똑히 들린다. 그러나 이러한 구별 청취 능력은 12개월 무렵이 되면 사라져 버린다. 즉, 아기들은 처음에는 각각의 언어로 만드는 음의 카테고리는 명확하게 갖고 있지 않지만, 태어나서부터 자신의 모국어에 노출되어 그것만 듣는 사이에 모국어의 음의 카테고리를 학습하고, 음에 관한 모국어 특유의 카테고리지각을 만들어 내는 것이다.

카테고리지각의 특징으로서 [r]과 [l] 음이 언어가 만든 경계선에 걸쳐 있다(즉, 다른 카테고리에 속한다)면, 두 개가 같은 경계 내, 즉 같은 카테고리 안에 있는 경우에 비해, 듣고 구별하기가 훨씬 쉬워진다. 이는 바꾸어 말하면, 같은 음의 카테고리에 속하는 음의 variation에는 둔감해진다는 것이다. 일본어에서는 [r]과 [l]을 음의 카테고리로서 구분하지 않는다. 따라서 일본어를 모어로 하는 아기는 영어의 [r]과 [l]을 '같은 음'의 카테고리 안의 variation으로 취급하게 되고 그 차이에는 주의를 기울이지 않게 된다.

색色의 카테고리 지각

음의 카테고리 지각에 대해서는 많은 연구가 있고 대비되는 음에 따라 다소의 차이는 있어도, 대개 생후 1년 무렵 모국어 특유의 카테고리가 형성된다고 하는 견해가 확립되어 있다. 그러나 각각의 언어에서 특유의 색 카테고리 지각이 언제, 어떻게 나타나는 것인지는 아직 분명치 않다.

애초에 색이름의 학습은 사물의 이름에 비해, 그 시기가 꽤 늦다. 실제, 2살 후반 무렵이 될 때까지 아이들은 색의 이름을 정확하게 구별하지 못하는 경우가 많다. '흰색', '노란색' 등의 말을 듣고 그것이 색을 가리키는 말이라는 것은 알지라도 너무 엉성해서 실제로 색이 있는 팔레트에서 고르게 하면, '흰색을 골라라'라고 해도 전혀 다른 색을 고르는 것은 매우 흔한 일이다. 5, 6세라고 해도 때때로 실수할 수도 있다. 때문에 음의 카테고리처럼, 언어 특유의 색의 카테고리가 1세 전에 만들어지는 것은 생각할 수 없다. 색에 관해서는 상당히 천천히 언어 특유의 카테고리가 형성되고, 카테고리 지각이 완성되어 간다고 생각된다.

움직임 장면scene의 지각

제1장에서 말했듯이, 움직임의 사상事象을 언어로 표현할 때에는 여러 요소가 포함된다. 예를 들어, 동작주動作主, 동작, (동작주가 작용하는) 동작대상이다. 사람의 이동을 나타내는 동사 등에서는 이에 더해 동작이 행해지는 장소도 중요한 요소가 된다.

제1장에서, 일본어는 영어 등과 달리, 장소의 정보를 동사에 끼워 넣는 언어라고 한 것을 상기하기 바란다. 예를 들어 '건너다ゎたる'는 영어에서는 통상, go across(또는 cross)라고 번역되지만, 그 용법은 go across, across와 완전히 겹쳐지는 것은 아니다. '길을 건너다道をゎたる', '강을 건너다川をゎたる', '건널목을 건너다踏み切りをゎたる', '바다를 건너다海をゎたる' 등으로 사용하지만, go across와는 달라서, '테니스코트를 건너다テニスコートをゎたる', '야구장을 건너다野球場をゎたる'라고는 말하지 않는다.

'건너다ゎたる'는 어느 지점에서 어느 지점으로 이동할 때에 두 개의 점이 '무엇인가'에 의해 떨어져 있어야 한다. 그때 '무엇인가'는 산과 같은 수직 방향으로 돌출한 장해물이 아닌(이 경우에는 '넘다超える'라는 동사가 사용된다), 바다, 강, 도로, 선로 등, 높이가 없는, 그러나 두 지점을 명확히 띄워 놓는 것이어야 한다. 바꾸어 말하면, '가로질러 이동하다'라는 행위를 일본어는 가로지를 때의 장소가 길이나 선로와 같이 두 지점이 떨어져 있는지, 테니스코트와 같이 땅이 이어져 있는지에 의해 '건너다わたる'와 '지나다通る'라는 두 개의 동사 카테고리로 분류하지만 영어는 이 둘을 구별하지 않고 하나로 통합해 버린다.

〈그림 9-A〉 사람이 선로를 건너는 장면 〈그림 9-B〉 사람이 도로를 건너는 장면 〈그림 9-C〉 사람이 테니스코트를 가로지르는 장면

　필자들과 미국 템플Temple대학과 델라웨어Delaware대학의 연구그룹은 공동으로 아기들이 사람의 이동 영상장면을 보는 방법에 음이나 색의 지각과 마찬가지로 카테고리 지각이 생겨나는지 어떤지를 조사했다. 아기들에게 사람이 선로를 건너고 있는 장면〈그림 9-A〉을 몇 번이고 보여준다. 아기들이 그 장면을 충분히 본 후, 뒤이어 두 개의 장면을 동시에 보여준다. 하나는 앞과 똑같은 장면이다. 또 하나는 장소만 바뀐 장면이다. 바뀐 장소로는 2종류를 준비했다. 하나는 도로이다. 도로를 횡단할 때는, 선로를 가로지를 때와 마찬가지로 떨어져 있는 두 개의 장소를 '건너는わたる' 것이다〈그림 9-B〉. 다른 한 장소는 테니스코트이다. 이 장면은 아기가 처음 본

장면에서 나왔던 동일인이, 동일하게 장면의 왼쪽에서 오른쪽으로 똑바로 걸어가는 것인데, 이번에는 떨어져 있지 않은 장소를 '가로 지르는橫切る' 것이므로 '건너다わたる'라고는 할 수 없다<그림 9-C>.

생후 14개월의 아기들과 19개월의 아기들이 조사에 참가했다. 각각의 월령그룹에서 유아들이 반반씩 나뉘어 전원이 우선 선로를 '건너는わたる' 장면을 몇 번이나 본 다음에 한 그룹은 그 장면과 테니스코드를 '가로 지르는' 장면을, 다른 한 그룹은 그 선로를 '건너는わたる' 장면과 도로를 '건너는わたる' 장면을 봤다.

아기는 새로운 것을 좋아한다. 두 개의 동영상 장면의 한쪽(장소의 성격이 바뀐 쪽)이 앞서 봤던 것과 많이 다르다는 것을 깨달으면 아기는 그쪽을 볼 것이다. 그러나 만약 아기가 사람과 그 움직임에만 주목해서 동영상을 보고 있다면 두 개의 장면은 '같다'고 생각하여 장소의 성격이 바뀐 쪽을 선호해서 보는 행동은 하지 않을 것이다.

결과는 어떠했을까. 일본의 아기들도, 미국의 아기들도 14개월인 때에는 장소의 성격이 바뀐 쪽, 즉, 테니스코트 쪽을 선호해 봤다. 그러나 19개월에서는 일본과 미국의 아기들에게 차이가 있었다. 일본의 아기들은 변함없이 테니스코트 쪽을 선호해서 봤지만, 미국의 아기들은 테니스코트 장면을 도로 장면보다 선호해서 보는 행동은 하지 않았다.

즉, 이렇게 말 할 수 있다. 음을 구별해서 듣는 것과 마찬가지로 아기는 어떤 언어 환경에 있어서도 처음에는 장면의 여러 요소에 각각 세심하게 주의를 기울여 사소한 차이도 분별할 수 있다. 그러나 아기가 각각 자신의 언어를 배우는 사이에, 자신의 언어에서 구분하지 않는 요소에 대해

서 주목하지 않게 되는 것이다. 일본어는 '건너다わたる', '넘다超える'처럼 동사를 구분해서 사용할 때 장소의 정보가 중요하다. 영어는 장소의 정보에 의해서 동사를 구분 사용하지 않는다. 영어를 습득하는 중인 아기들은 처음에는 움직이는 장면의 장소에 주의를 기울였는데, 생후 19개월 정도가 되면 자신의 모어에서는 중요하지 않은 장소 정보에 주의를 기울이는 것을 그만둬 버리는 것이다.

사물의 이름을 익히면 무엇이 변하는가?

말은 아이들을 어떻게 바꿀까. 말을 익힘으로써 커뮤니케이션이 가능해 진다. 그러나 아이들이 얻는 것은 커뮤니케이션 능력만이 아니다.

'같은 개체'라는 인식

우리들은 자신의 집에 있는 애완동물인 고양이가 다른 고양이와 다르다는 것은 물론 알고 있다. 지금 당신의 얼룩고양이 '미케'가 당신의 무릎에 앉아 있다면, 뜰에 보이는 미케와 구분이 가지 않을 정도로 쏙 빼 닮은 고양이가 우리 '미케'일 리가 없다고 생각한다. 그것은 같은 순간, 다른 공간에 같은 개체가 존재할 수 없다는 것을 알고 있기 때문이다.

이번에는 당신 눈앞에서 미케가 사라져 버리고, 미케가 보이지 않게 된 쪽에서 검은 고양이가 나타났다고 치자. 당신은 검은 고양이가 미케라고 생각할 것인가. 당연히 그렇게는 생각하지 않을 것이다. 미케와 검은 고양이는 분명하게 외관에서 차이가 나기 때문이다. 즉, 우리들은 '같은 개체'라고 하는 인식에 시·공간상의 제약과 외관을 모두 사용하고 있는 것이다.

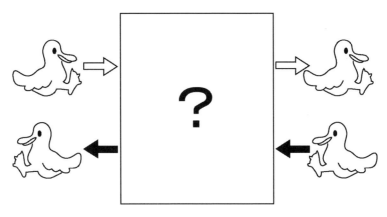

〈그림 10-A〉 1개의 칸막이와 오리 장난감의 출입

아기들의 인식

아기들은 어떨까. 생후 10개월의 아기는 이제 막 말을 배우기 시작해서 아직 아주 적은 수의 말밖에 알지 못한다. 이 아기들에게 어느 연구자는 이러한 실험을 했다〈그림 10-A〉. 그 아기들에게 인형극과 같은 무대를 보여준다. 무대 위에는 칸막이가 하나 설치되어 있다. 이 무대에서 아기는 오리 장난감이 칸막이 뒤에서 움직이고 있는 것 같은 장면을 본다(실험자는 오리를 손으로 움직이고 있는 것이다). 오리는 칸막이의 왼쪽 끝에서 칸막이의 뒤로 들어가 겉보기에 완전히 똑같은 오리가 오른쪽 끝에서 나온다. 다시 같은 오리가 이번에는 오른쪽 끝에서 칸막이 뒤로 들어가 왼쪽 끝으로 나온다. 아기들은 장난감 오리가 몇 개 있다고 생각할까.

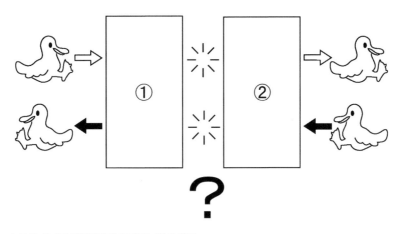

〈그림 10-B〉 2개의 칸막이와 오리 장난감의 출입

이 경우, 칸막이 뒤에서 무엇이 일어나고 있는지가 보이지 않기 때문에 두 가지의 대답이 가능하다. 오리는 2개일지도 모르고 1개일지도 모른다. 그러나 다른 연구에서 아기는 연속된 궤적으로 움직이는 것은 하나의 사물이라고 생각한다는 것을 알기 때문에 이 경우는 오리가 1개라고 생각할 것이다.

이번에는 〈그림 10-B〉와 같이 같은 무대 위에 칸막이를 두 개 둔다. 칸막이 사이에는 틈이 있어서, 틈 사이에 있는 물체가 보인다. 좌측 칸막이를 ①, 우측 칸막이를 ②라고 하자. 앞의 실험과 같이 오리는 어떤 때는 칸막이①의 좌측에서 칸막이의 뒤로 들어가 보이지 않게 된다. 다음으로 겉보기에 똑같은 오리가 칸막이②의 우측으로 모습을 나타낸다. 그러나 칸막이 사이의 틈으로 오리는 보이지 않았다. 이번에는 오리가 칸막이②

의 우측으로 들어간다. 조금 전과 마찬가지로 두 개의 칸막이 사이로는 모습이 보이지 않고, 칸막이①의 좌측으로 나온다. 이때, 아기는 장난감 오리가 과연 몇 개라고 생각할까.

이 경우, 오리는 두 개여야 한다. 만약, 칸막이②의 우측에서 나타난 오리가 칸막이①로 들어갔던 오리와 동일한 장난감(완전히 같은 개체)이라고 한다면 칸막이②의 우측에서 모습을 보이기 전에 칸막이①과 칸막이② 의 틈새 공간으로 그것이 보였어야 했기 때문이다. 그것이 보이지 않았 다는 것은 외관이 동일한 오리 장난감이 2개여서 따로따로 움직이고 있 었던 것이다.

놀랍게도 생후 10개월의 아기에게 이 추론이 가능하다는 것이다. 아기들은 칸막이가 1개였던 장면에서 칸막이가 치워지고 오리 장난감이 한 개뿐이었다고 알게 돼도 놀라움을 표하지 않았지만, 칸막이가 2개 있 는 장면에서 칸막이가 치워지고 1개의 오리 밖에 없었을 때는 깜짝 놀라 무대를 오래도록 꼼짝하지 않고 응시했다.

이 결과는 아기들이 사물이 움직이고 있을 때 움직임의 시간적 연속 성과 공간적 연속성을 단서로 몇 개의 사물이 움직이고 있는지를 이해할 수 있다는 것을 나타내고 있다. 다시 말하면, 아기들은 움직임의 시간, 공 간상의 궤적이 연속하고 있는지 아닌지에 따라 움직이고 있던 사물이 동 일한 개체인지, 다른 개체인지를 결정할 수 있는 것이다.

외관상의 차이와 움직임의 연속성

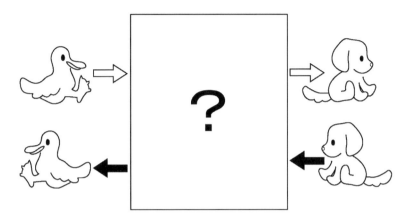

〈그림 10-C〉 1개의 칸막이와 오리, 강아지 장난감의 출입

이제, 이 연구자는 다음으로 어떠한 실험을 했는가. 앞의 실험에서는 완전히 외관이 동일한 오리가 칸막이 뒤로 들어가거나, 나오거나 했었다. 이번에는 두 개의 사물이 등장한다. 맨 처음 장면과 똑같이 칸막이가 한 개이고, 왼쪽 끝에서 오리 장난감이 칸막이의 뒤로 들어가고, 다음으로 오른쪽 끝에서 강아지 장난감이 나온다〈그림 10-C〉. 이번에는 강아지가 오른쪽 끝에서 칸막이 뒤로 들어가 왼쪽 끝으로 오리가 나온다.

이 경우, 어른인 우리들은 당연히 오리와 강아지라고 하는 2개의 장난감이 각각 움직이고 있다고 생각하고, 2개의 장난감이 있는 것이 당연하다고 생각한다. 그러나 생후 10개월의 아기들은 그렇게는 생각하지 않는 것 같다. 앞의 실험에서 칸막이가 2개가 되고, 칸막이 사이로 사물이 왔다 갔다 하는 것이 보이지 않았을 때는 아기들은 장난감이 2개가 아니면 안 된다고 생각할 수 있었다. 그러나 이번에는 오리와 강아지라고 하는 명백히 다른 사물이 움직이고 있었는데도 불구하고 칸막이가 1개밖에 없으면 칸막이를 치웠을 때 그곳에 있는 것이 오리와 강아지, 두 개의 장난감이 아니라 어느 것이든 1개밖에 없더라도 놀라지 않았다.

이것은 무엇을 의미하고 있는 것일까. 말을 학습하기 전의 아기들은 시·공간상의 움직임이 연속되는지 아닌지에 의해서만 사물이 동일 개체인지 아닌지를 결정하고 있어서, 사물 자체의 외관이 동일한지 어떤지는 고려하지 않는다는 것이다. 생후 10개월의 아기가 시각적으로 오리와 강아지 장난감을 구별하지 못하는 일은 있을 수 없다. 그러나 하나의 시간점時間點에 한 개밖에 나타나지 않고, 움직이고 있는 사물이 '동일한 개체'인지 '다른 두 개의 개체'인지를 결정하는 데 아기들은 외관의 차이보다도 움직임의 연속성이 중요하다고 생각하여, 강아지와 오리의 외관상 차이에 주의를 기울이지 않고 '1개'라고 생각하는 것 같다. 그것이 '강아지'나 '오리'라는 말을 알게 되면 두 개의 장난감이 '다른 사물'이라는 것을 분명히 인식하게 된다.

실은 아직 '강아지', '오리'라는 말을 모르는 아기들에게 '보렴, 오리야!', '보렴, 강아지야!'라고 말하면서 앞에서처럼 하나의 칸막이의 뒤에서 강아지와 오리가 들어갔다 나왔다 하는 실험을 하면 '강아지', '오리'라는 말 자체를 알지 못해도 두 개의 말을 들었다는 사실에서 사물이 두 개 있을 것을 기대하는 것도 알았다. 즉, 사물의 외관보다도 말(단어)이 같은지 다른지에 의존하여 아기들은 시·공간상에 동시에는 존재하지 않는 사물이 동일한 사물인지, 그렇지 않으면 두 개의 다른 사물인지를 결정하고 있는 것 같다.

추론推論에 의한 학습과 언어

앞의 얼룩고양이와 검은 고양이 이야기로 돌아가면, 두 마리를 동시에 보지 않고도 우리는 외관의 차이에서 그것이 두 마리의 다른 개체인 것을 알 수 있다. 그러나 동시에 우리는 그 두 마리의 고양이가 모두 고양이니까 '같다'라고도 생각한다. 여기에 외관이 고양이를 닮은 작은 강아지(예를 들어 치와와)가 등장했다고 하자. 그때 우리는 검은 고양이가 얼룩고양이와 '같다'라고 생각한 것처럼 그 치와와도 좀 전의 얼룩고양이와 '같다'라고는 생각하지 않는다. 치와와는 강아지이므로 '다른 종류의 생물'이라고 생각한다. 그리고 얼룩고양이와 검은 고양이는 비슷한 생물학적 특성이나 행동특성을 가지지만, 치와와는 다른 특성을 가진다고 생각하다.

즉, 우리는 '같은 이름이 붙은 같은 종류의 사물끼리'를 '같다'라고 생각 한다. 그러나 동시에 고양이 두 마리도 치와와도 모두 포유동물이니까 뭔가 같은 특성을 공유하고 있을 것이라고도 생각하는 것이다.

유아들도 우리와 똑같이 생각할까. 예를 들어 3세부터 5세 정도의 아이들에게 소 그림을 보여준다, 이어서 돼지 그림과 우유 그림을 보여준다. 그리고 아이들에게 '이것(소)과 같은 종류는 어느 쪽?'이라고 묻는다. 그러자 아이들은 대부분 우유 그림이 '같은 종류'라고 말한다. 토끼 그림을 보여주고 같은 것은 어느 쪽이냐고 묻고, 당근과 고양이 그림을 보여줘도 당근을 선택하는 아이들이 많다. 아이들은 원래 소와 우유, 토끼와 당근, 원숭이와 바나나라고 하는 연상관계에 있는 사물 끼리를 동류라고 생각하고 '같다'라고 말하는 경향이 강하다.

그러나, 예를 들어 '괴수어怪獸語에서는 소를 네케라고 말해'라고 아이들에게 가르치고, 돼지와 우유 그림을 보여주고, '어느 쪽이 네꺼야?'라고 묻는다. 그러자 '같은 종류의 것'을 선택하라고 했을 때는 우유를 선택했었는데, 같은 연령의 아이들이 이번에는 돼지를 고르는 것이다.

아이들에게 있어서, 소와 우유, 원숭이와 바나나와 같은 연상 관계는 매우 매력적이다. 때문에 단순히 '같은 것은 어느 것?'이라고 질문하면, 연상관계에 있는 사물을 선택한다. 그러나 라벨에 관해서는 소와 돼지처럼 같은 카테고리에 속하는 사물이 같은 라벨을 공유한다고 생각하고 원숭이와 바나나와 같은 연상 관계에 있는 사물끼리는 같은 라벨을 공유하지 않는다고 생각하는 것이다.

우리는 세계를 다양하게 묶어서 분류할 수 있다. 음식, 도구, 식기, 식물, 동물 등과 같이 개념을 계층적으로 정리해서 분류할 수도 있지만, '붉은 것', '단단한 것', '둥근 모양을 한 것'과 같이 어떤 특징에 따라 분류 할 수도 있다. 혹은 소와 우유처럼 인과관계, 원숭이와 바나나처럼 연상 관계로 사물 끼리를 묶는 것도 가능하다.

이처럼, 다양한 기준에서 다양한 분류가 가능한 가운데 어른들은 '같은 종류'라고 하면, 소와 돼지처럼 동질개념의 카테고리에 기초한 사물들이 '같은 종류'라고 생각한다. 그에 반해, 아이들은 사물끼리의 관계의 이상적인 상태로서 인과관계, 연상관계, 같은 속성을 가지는 관계, 같은 재료로 만들어진 관계 등, 다양한 기준에서 '같다'가 존재하는 것을 일찍부터 알고 있지만, 어느 '같다'를 언제 사용해야 하는지를 모르는 것이다. 그러나 언어의 존재에 의해 말(명사)에 따라 라벨을 붙이는 분류 방법, 즉, 개념 카테고리에 따른 분류가 특별한 분류라는 것을 학습해 가는 것이다.

속성屬性의 추론

하지만 생각해 보면, 도대체, 명사에 따라 라벨이 붙는 분류 방법이 왜 특별한 것일까. 이것을 생각해 보기 위해서, 예를 들어 '식물'에 속하는 사물들, '원숭이와 원숭이가 좋아하는 것'들과 '붉은 것'들을 각각 생각해 보자. 그중에서 서로의 공통성에 가장 의미가 있는 것은 어느 것일까.

예를 들어, 어떤 식물의 뿌리에는 ○○라는 유독 물질이 함유되어 있다는 것을 경험적으로 배웠다고 했을 때 사람은 그 식물자체를 먹지 않도록 주의하는 것뿐만 아니라 그것과 '같은 종류'의 식물을 피하는 것이 좋다고 생각한다. 그러면 '같은 종류'는 무엇을 실마리로 찾으면 좋을까. 그 식물의 꽃과 같은 색의 것 일체인지, 그 식물에 기생하는 벌레인지, 그렇지 않으면 그 식물과 같은 카테고리에 속하는 식물인 것인지. 이렇듯 어떤 특정 사물에 어떤 속성이 있을 때, 그와 같은 속성이 다른 사물에도 공유되고 있는지 어떤지 추론하는 것을 '귀납추론歸納推論'이라고 한다. 사람의 사고思考 중에서 귀납추론은 가장 중요하고, 가장 빈번히 행해지는 것이다. 우리는 어떤 사물의 속성이 그것과 '비슷한 것' 또는 '같은 종류인 것'과 공유될 가능성이 높다고 생각해, 직접 경험하지 않아도 사물의 속성에 대하여 추론하고 예측하는 것이다.

귀납추론은 지식도 경험도 어른에 비해 적은 유아들에게 특히 중요하다. 그러나 지식이 적은 아이들에게 있어서 '같은 종류'의 사물을 정하는 것은 쉽지 않다. '같다'라는 것은 애매하고, 여러 기준에서 다양한 '같음'이 가능하기 때문이다. 그러나 라벨을 갖는 것은 개념 카테고리로, '붉은 것', '원숭이와 원숭이가 좋아하는 것'과 같은 카테고리는 통상, 단어의 라벨을 가지지 않는다. 따라서 라벨을 공유하고 있는 사물끼리는 같은 속성을 가진다고 생각하면 실제로 사물에 대한 경험이나 깊은 지식이 없어도 어떤 것에 X라고 하는 속성이 있다는 것을 알면, 그것과 같은 라벨을 가지는 다른 것에 그 속성을 귀납할 수 있다.

이와 같이 말을 통해 아이들은 직접 경험하거나, 배우거나 하지 않은 것에 어떠한 속성이 있는지를 귀납추론에 의해서 학습하고, 개념을 구축해 가는 것이다. 즉, 말은 아이가 스스로 개념을 학습하고, 성인이 가진 개념 구조를 스스로 만들어 가는 데 큰 역할을 완수한다. 말이 존재하지 않았다면, 유아들이 빠른 스피드로 개념을 배우고, 효율적으로 개념 체계를 만들어 내는 것은 불가능하다.

수數의 인식

아기들의 덧셈, 뺄셈

제1장에서 수를 나타내는 말에 대해서 이야기했다. 일본인은 십진법으로 규칙적으로 수를 표현하는 것을 당연하게 생각하고 있지만, 오진법이나 육진법으로 수를 나타내는 언어도 있고, 수 그 자체의 언어가 아닌, 신체 부위의 이름을 수의 이름으로 사용하는 언어도 있다. 수는 각각 유일무이한 이름을 가지고 있고, 다른 수 — 예를 들어 그것보다도 1 큰 수, 또는 1 작은 수 — 와 구별되어 다른 수의 이름을 가지는 것은 우리의 상식이지만, 그것에 반대되는 언어도 있는 것 같다.

그러면, 수의 언어를 아직 모르는 아기들은 수에 대해서 어떠한 지식을 가지고 있을까. 1992년에 생후 5개월의 아기가 덧셈, 뺄셈을 할 수 있다는 것을 보여준 연구가 과학 잡지 *Nature*에 발표되어, 화제가 되었다. 이 연구는 앞에서 설명한 사물의 수를 추적하는 실험과 같은 방법으로 행해지고 있다.

1. 무대에 봉제인형이 놓여진다.   2. 칸막이를 세운다.   3. 2개째의 봉제인형이 더해진다.   4. 빈손이 들어간다.

A. 기대되는 (바른) 결과

5. 칸막이가 내려지고, 봉제인형이 2개 보인다.

B. 일어날 수 없는 결과

5. 칸막이가 내려지고, 봉제인형이 1개만 보인다.

〈그림 11〉 1+1=2 또는 1이 되는 일련의 경우

〈그림 11〉과 같이 작은 무대를 만들어 아기들에게 보여준다. 무대 옆에서 봉제인형을 든 손이 나타나, 빈손으로 돌아가고 봉제 인형 한 개가 무대에 남는다. 무대의 아래에서 칸막이가 올라와 봉제인형을 가린다. 여기에서 다시 봉제인형을 든 손이 옆에서 나와 칸막이 뒤로 간다. 그 손이 빈손으로 무대 옆으로 나간다. 여기에서 아기들은 무대에 봉제인형이

몇 개 있다고 생각하고 있을까.

아기들이 무대 위에 놓여 있는 것을 목격한 봉제인형은 처음의 한 개뿐이다. 그러나 봉제인형을 든 손이 칸막이 뒤로 들어가서 빈손이 돌아간 것을 아기들이 기억하고 있고, 게다가 앞서 목격한 봉제인형과 합해서 2개가 된다. 즉, 1개와 1개를 더하면 2개가 된다고 하는 계산을 아기들이 할 수 있다면, 아기들은 2개의 봉제인형이 무대 위에 놓여 있는 것을 실제로는 보지 않았어도 2개가 있다고 생각할 것이다. 그러나 만약 아기들이 수에 개의치 않고 앞에서 언급한 것과 같은 계산을 하지 않는다면, 실제로 목격한 1개의 봉제인형만이 있다고 생각할 것이다.

실제로는 어땠는가 하면, 아기들은 확실히 무대에 있는 봉제인형은 2개라고 생각하고 있었다. 칸막이가 치워졌을 때, 무대에 있는 봉제인형의 수가 〈그림 11〉의 B와 같이 한 개밖에 없는 장면을 본 아기들은 A와 같이 2개의 봉제인형을 본 아기들보다 무대를 오래 응시했다. 아기들은 자신의 기대와 다른 상황을 봤을 때, 깜짝 놀라 꼼짝하지 않고 그 상황을 응시하는 것을 알고 있다. 즉, 아기들은 B가 아닌 A의 장면을 기대했기 때문에 B가 보였을 때 놀란 것이다.

이것에서, 아기들은 1개에 1개가 더해지면 2개가 된다고 하는 계산을 할 수 있는 것을 알았다. 이 연구자는 다른 그룹의 아기들에게는 2개의 봉제인형을 처음에 보여주고 그것을 칸막이로 가린 후, 빈손이 칸막이 뒤로 들어가서 1개의 인형을 들고 제자리로 돌아가는 장면을 보여줬다. 이 경우, 아기들에게 A와 B의 어느 쪽인가를 보여주면, A를 본 아기들 쪽이 B를 본 아기들보다도 무대를 오랫동안 응시했다. 이번에는 아기들은

2개에서 1개를 빼면 1개가 된다고 하는 계산을 하고, 실제로 목격한 것은 2개의 인형이 무대에 있는 장면이었음에도 불구하고 칸막이가 치워졌을 때는 1개밖에 없는 상황을 기대한 것이다.

4 이상의 수

이 연구는 아기들이 불과 생후 5개월에 수를 셀 수 있다는 것을 보여줬다. 그러나 실제로 아기가 셀 수 있는 수라는 것은, 3 이하의 작은 수에 한정된다. 예를 들어 아기들에게 4개와 5개의 구별이 가능한가 하면 실은 가능하지 않다.

이와 같은 재미있는 실험이 있다. 아기들 앞에서 쿠키 1개를 상자에 넣는다. 상자의 내용물은 밖에서 보이지 않는다. 다른 상자에는 2개의 쿠키를 넣는다. 아기들은 이것을 보고 있다. 그다음, 2개의 상자를 아기에게서 조금 떨어진 곳에 둔다. 그러면, 아기는 쿠키가 2개 들어있는 상자 쪽을 향해 기어가 쿠키를 꺼내려고 한다. 쿠키 2개와 3개의 경우에서도 많은 쪽 즉, 3개 들어 있는 상자 쪽으로 아기는 기어간다. 그러나 같은 방법으로 아기의 눈앞에서 하나의 상자에는 3개의 쿠키를, 또 다른 상자에는 4개의 쿠키를 넣으면, 아기는 쿠키가 4개 들어 있는 상자를 3개 들어 있는 상자보다 선호하여 그쪽으로 기어간다……라고 하는 결과는 볼 수 없었다. 수가 4 이상이 되면 아기들은 더 이상 많은 쪽을 선택할 수 없게 되는 것이다.

그럼, 4 이상의 수를 아기들은 어떻게 인식하는 걸까. 4 이상의 수는, 아기들은 대략적인 양으로 취급하고 있는 것 같다.

이것은 다음과 같은 실험으로 알 수 있었다. 아기들에게 몇 번이고 같은 사물이나 상황을 보여주면, 싫증이 나서 그것을 보지 않게 된다. 이를 '순화馴化'라고 한다. 아기들이 어떤 사물이나 상황에 순화된 뒤, 아기가 '다르다'고 인식하는 사물이나 상황을 보면 아기는 다시 흥미를 보이고 새로운 사물이나 상황을 한참 동안 바라본다. 이것을 '탈순화脫馴化'라고 한다.

아기들은 호기심이 매우 왕성해서 새로운 사물이나 상황에 흥미를 가진다. 그러나 같은 사물을 보여주면 이내 싫증 내 버린다. 이 성질은 아기들이 무엇을 같다고 생각하고 무엇을 다르다고 생각하는가라는 인식을 조사하는 데 매우 편리하다. 아기들이 어떤 사물이나 상황에 순화해서 그것을 보지 않게 된 후에 다른 사물이나 상황을 보여준다고 하자. 그것이 조금 전에 순화된 것과 완전히 똑같지 않더라도 아기들이 같다고 생각하면 흥미를 보이지 않는다. 그러나 아기들이 그것을 다르다고 인식하면 흥미를 보일 것이다. 아기들은 3개와 4개의 구별은 하지 않고, 양쪽 모두 '비슷한 양'으로 취급해 버리는 것이다.

수의 두 가지 인식경로

봉제인형을 이용한 앞의 실험과 다른 연구자는 이 성질을 이용해서 8개의 점點을 아기에게 몇 번이고 보여줬다. 이 점의 디스플레이는 구슬의 크기가 바뀌거나, 점의 색이나 밝기가 바뀌거나 하는 등, 항상 조금씩 뭔가가 바뀌어 있지만 점의 개수는 언제나 8개이다. 아기는 이것을 반복해서 보고 있으면, 더 이상 새로운 디스플레이를 보지 않게 되었다. 즉, 아기들은 외견은 다른 여러 가지의 디스플레이를 '점이 모두 8개니까 같다'라고 인식한 것이다.

이처럼 아기가 8개의 점 디스플레이에 순화된 뒤, 같은 아기에게 16개의 점을 보여줬다. 그러자 아기가 흥미를 보였다. 그러나 12개의 점을 보여줬을 때는 흥미를 보이지 않았다. 즉 아기는 16개의 점 디스플레이는 8개의 디스플레이와 다르다고 인식했지만, 12개에는 순화된 8개의 점 디스플레이와 다르다고는 인식하지 않은 것이다.

아기들은 8이든 12든 16이든 정확한 수로서 인식하고 있는 것이 아니라 대략적인 양의 느낌으로 파악하고 있기 때문에, 8대 16과 같이 수의 대비가 2배 이상으로, 양으로써 파악했을 때 충분히 다르면 다르다고 인식하지만 8대 12(즉 1대 1.5)처럼 대비가 작을 경우 2개의 수는 다르다고 인식하지 않는 것이다.

즉, 아기들은 수를 인식하는데 2개의 인식 경로를 사용하고 있다. 하나는 3 정도까지의 한눈에 구별 가능한 적은 수를 정확히 구별하는 경로, 또 하나는 4 이상의 수를 대략적인 양으로 파악하는 경로이다. 그럼 우리 성인들은 언제부터 어떻게 해서 8과 9를 구별해서 다른 수로서 인식하게 된 것일까.

말이 낳는 수 인식

아이들은 색의 이름을 말했을 때, 처음에는 '파랑'이나 '빨강'이 색의 이름이라고 알고 있어도 정확하게 '파랑'이나 '빨강'이 어떤 색깔인지를 이해하지 못하고, 파랑을 집어라고 말했는데도 빨강을 고르거나 한다고 앞에서 말했다. 이와 같은 현상을 수를 나타내는 말에서도 볼 수 있다. 아이들은 2세 정도부터 '하나', '둘' 또는 '일', '이'라는 수를 말하기 시작한다. 그러나 아이들은 '이', '삼', '사'가 수를 나타내는 것은 알고 있지만, 각각의 수(를 나타내는 말)의 의미를 반드시 정확히 이해하고 있다고는 할 수 없다. '이'라는 말은 반드시 2개의 사물에 대응하지 않고 '삼'은 3개에 사물에 대응하고 있지 않다.

아이들은 처음에 '일' 또는 '하나'가 한 개의 사물에 대응하는 것을 배우는 것 같다. 즉, '일'의 의미를 최초로 획득한다. 이 시점에서는 '이'는 정확하게 '2'가 아닌, '1보다도 많은 수'라는 의미로 받아들이고 있다. 얼마 뒤 2세 중반에서 3세 경이되면, '이'는 '1과 1' 즉, 두 개의 사물의 집합과 결부시킨다. 요컨대 '이'라는 말은 대략적인 '1보다도 많은 수'라는 인식이 바뀌어, 정확하게 2개의 사물에 대응할 수 있게 된다.

그로부터 수개월 지나면, 아이들은 '삼'의 의미도, '하나의 사물, 또 하나의 사물, 다시 또 하나의 사물'의 집합을 의미하는 것을 알아차리고, 나아가 '이'에 또 하나의 사물이 더해진 집합이라는 것을 깨닫는다. 결국 여기에서 '이'는 '일'보다 정확히 한 개가 많고, '삼'은 '이'보다 정확히 하나가 많다는 인식을 획득한다.

여기까지 오면 다음은 간단하다. 아이들은 각각의 수가 정확하게 사물의 수에 대응하는 것을 이해한다. 이 이해가 가능해지면, 8과 9이든 1,000과 1,001이든 보기만 해서는 금방 구별이 안 가는 사물의 집합을 나타내는 숫자끼리 서로 다른 수를 나타낸다는 것을 이해할 수 있게 된다.

성인이 되면 수를 대략적으로 파악하는 행동을 하지 않게 되는 것은 아니다. 성인이라도 30개의 점과 31개의 점을 보여주고 재빨리 두 개의 디스플레이가 같은지 다른지를 대답하게 하면 구별하지 못하고 '같다'라고 판단한다. 성인이 되면 바뀌는 것은 수를 대략적으로 다루지 않게 되는 것이 아니라, 수에 대한 인식이 중층적重層的이 되어 수를 다루는 방법의 폭이 넓어지는 것이다. 다시 말하면, 아이들이 가진 ① 작은 수를 정확하게 인식한다 ② 4 이상의 큰 수를 어림수로 양적으로 인식한다는 두 개의 인식 방법에 더해, 성인들은 ③ 큰 수를(보는 것만으로는 차이를 알 수 없는) 그것보다도 1만큼 큰(또는 작은) 수와 다른 유일한 수로서 정확하게 인식할 수 있게 되는 것이다.

덧붙여 말하면, 수를 어림잡아 '많은 양'을 판단하는 능력은 비둘기, 쥐, 침팬지 등 여러 동물들에게서 확인되었다. 그러나 큰 수를 정확한 수에 대응시켜 각각의 수가 그 외의 것과는 다른 수를 나타내는 수라는 이해 — 예를 들면 1,000과 1,001이 다르다는 이해 — 를 하는 것은 인간뿐이다.

피라한족의 경우

그럼 이 이해는 인간의 성인 모두가 가지고 있는 것일까. 예를 들어 자신들이 말하는 언어에 수를 정확하게 나타내는 말이 없다면 어떻게 될까.

실제로 그러한 언어는 존재한다. 아마존 오지에서 생활하는 피라한족의 언어에 관해서 제1장에서 소개했다. 이 언어는 100, 1,000, 10,000이라는 큰 수는 물론, 2, 3, 4, 5 등의 한 자릿수조차 정확하게 나타내는 말을 갖고 있지 않다. 이 언어에 있어서 수의 언어는 이미 앞에서 말했듯이

'1'에 해당하는 말 '호이'와 '2'에 해당하는 말 '호이'밖에 없다고 한다. 그것보다 큰 수를 정확하게 나타내는 말은 없다. 굳이 번역하자면 '많다'라는 의미의 말밖에 없다. 이러한 언어의 화자는 앞서 말한 큰 수를 정확히 인식하는 것일까, 그렇지 않으면 수의 언어를 학습하는 아기와 같은 인식 방법을 사용하는 것일까.

아마존에 가서 이것을 조사했던 연구자가 있다. 이 연구자는 이 언어의 화자에 대해 '수 매칭matching과제'라고 불리는 테스트를 실시했다. 연구자가 책상 위에 막대기를 늘어놓고, 마주한 사람이 그와 같은 수의 전지를 늘어놓는 과제이다. 결과는 막대기의 수가 1자루에서 3자루가 될 때까지는 거의 100% 정답이었지만, 수가 그 이상이 되면 정답률은 수의 크기에 비례하여 떨어져, 막대기의 수가 9, 10이 되면 정답률은 0%가 되어 버리는 것이다. 인간의 성인이라 해도 수를 정확하게 나타내는 말을 갖고 있지 않으면 4 이상의 큰 수를 하나하나 다른 것과 다른 유니크한 수로서 정확하게 인식하지 않고, 인간의 아기나 동물과 마찬가지로 어림수로서 '많다'고 밖에 인식하지 않게 되는 것 같다.

수數를 나타내는 말과 계산 능력

수 하나하나에 대응하는 말이 있다는 그 자체가 수라는 추상적인 개념 인식에 큰 영향을 미치는 것은 앞에서 말한 대로이다. 그러면, 수를 이용해서 계산하는 능력과 수를 나타내는 말에는 관계가 있는 것일까?

제1장에서 은돔어에서 수를 세는 방법을 소개했는데 이들 언어는 일본어처럼 20이 '니·주' 즉, 2(니)·10(주), 21이 '니·주·이치' 2·10과 1

처럼 알기 쉬운 수의 말을 갖고 있는 것은 아니다. 영어도, 일본어만큼 규칙적이지는 않다. 영어에서는 10이 ten이 된 후, ten-one, ten-two가 되지 않고, 11은 eleven, 12는 twelve이며, 여기서부터는 10을 나타내는 teen이 붙어서 thirteen[13], fourteen[14] …… 이 되지만 20이 되면, two-ten이 아니라 twenty가 된다.

일반적으로 아시아권의 아이들은 유럽과 미국의 아이들보다도 어린 시기에 계산을 할 수 있게 된다고 하는데, 수 이름의 규칙성이 영향을 미치고 있는지도 모른다. 어느 연구자는 영어를 모어로 하는 미국인이나 영국인 아이들과, 중국어를 모어로 하는 중국인 아이들의 계산능력을 비교했다. 중국어도 일본어와 마찬가지로 매우 규칙적으로 10진법에 준해서 수를 표현한다. 중국인 아이들은 이미 5세 정도에 10에서 19까지의 수가 10과 한 자릿수가 합쳐진 것이라는 것을 이해하고 있었다. 이 이해는 덧셈, 뺄셈에 매우 도움이 된다.

예를 들어 8+7이 얼마인지를 생각할 때 7을 5와 2로 분해하고, 8과 2를 더하면 10, 나머지 5를 더하니까 답은 15라고 생각할 수 있다. 실제로 중국에서는 5세 때 이 사고방식을 사용하여 10이 넘는 수의 덧셈을 하는 아이들을 꽤 볼 수 있다. 한편, 미국, 영국에서는 5세 때 이것을 이해한 아이는 조사대상 중에는 아무도 없었다고 한다.

말은 사물 간의 관계의 견해를 변화시킨다

우리들의 인식 중에서 사물의 인식, 수의 인식과 함께 공간에 있어서의 사물 간의 관계에 대한 인식도 매우 중요하다. 이번에는 사물끼리의 관계나 공간상에서의 사물의 위치 관계 인식이 언어와 어떠한 관계에 있는지를 보자.

'꼭 맞음'과 '헐렁함'

이 장의 처음에 영어가 주변에서 들리는 환경에 있는 아기는 처음에는 사람이 움직이는 장면에서 장소의 성격의 작은 변화를 눈치챘는데, 생후 19개월 정도가 되면 장소의 변화, 특히 일본어에서 '건너다ゎたる'와 '가로 지르다横切る'로 구분해서 말하는 경우의 변화를 눈치채지 못하게 된다고 기술했다. 일본어의 환경에 있는 아기는 같은 연령에서 이 장소의 변화에 민감하게 반응했다. 이와 비슷한 현상이 사물끼리의 관계에서도 볼 수 있는 사례가 보고되었다.

영어에서는 사물을 어딘가 다른 장소로 움직이는 경우에, 움직여지는 사물과 그 사물이 움직여진 결과, 놓이는 장소의 관계 — 좀 더 상세히 말하면, 도착지점의 장소가 사물에 접촉해서 떠받치고 있는지, 사물이 그 장소에 포함되어 있는지 — 에 따라 두 개의 카테고리로 분류된다는 것을 제1장에서 기술했다. 접촉·지지의 관계는 영어에서는 put on, 포함되어지는 관계가 될 때는 put in이다. 한편 일본어나 한국어는 분류가 더욱 복잡해서 사물과 그것이 놓인 장소가 딱 들어맞는지, 그렇지 않은지에 따라 동사를 구분해 사용한다고 말했던 것을 상기하기 바란다. 사물과 사물의 관계를 볼 때, 영어를 말하는 아이는 접촉·지지인지 아닌지, 포함관계에 있는지 아닌지에 주목하고, 일본어를 말하는 아이는 사물과 사물이 꽉 밀착해서 접촉되어 있는지, 밀착하지 않고 헐렁하게 접촉되어 있는지 라는 관점에 주목하는 것일까.

생후 6개월의 아기는 영어를 모어로 하는 아기라도 헐렁한 접촉과 꼭 맞는 접촉의 관계를 구분하는 것 같다. 이것은 다음과 같이 하여 확인할 수 있었다. 우선 아기들에게 어떤 사물을 용기에 넣고 2개의 사물이 헐렁하게 접촉하고 있는 것을 몇 번이고 보여준다. 그러면 아기들은 처음에는 흥미진진하게 보고 있었지만, 차츰 싫증나 보지 않게 된다. 그때 이번에는 사물을 용기에 넣지만, 2개가 딱 맞게 밀착해 끼이게 접촉하고 있는 것을 보여준다.

접촉하는 방식이 헐렁한지, 꽉 끼는지가 다를 뿐, 나머지는 아기들이 익숙해져서 싫증낸 앞의 장면과 같다. 만약 아기들이 딱 맞다, 헐렁하다 같은 구별을 중요하게 생각하지 않고 어떤 사물이 그것보다도 크고 깊은 다른 사물에 포함된다고 하는 관계만이 중요하다고 생각한다면, 지금 본 상황에서의 관계는 너무 많이 봐서 싫증 난 앞의 상황과 같으므로 집중하지 않을 것이다. 실제로 영어를 말하는 성인들에게 이 두 종류의 접촉 방법에서 사물끼리의 관계가 같은지 다른지 물었을 때 대부분의 사람이 같다고 대답했다.

그러나, 만약 아기들이 성인과 달리 두 사물의 접촉 방법이 헐렁하다, 꼭 낀다는 차이를 중요하다고 생각하고, 앞의 장면과 지금의 장면이 다르다고 생각한다면 아기들의 주의는 집중되고, 다시 꼼짝하지 않고 보게 될 것이다. 그리고 실제로 영어를 모어로 하는 생후 5개월의 아기들은 영어에는 없는 구별인, 접촉이 꼭 맞는가, 헐렁한가라는 차이에 민감하게 반응했다.

1세보다 어린 아기들은, 모어에서는 구별하지 않고, 같은 음의 variation으로 취급하지만 외국어에서는 다른 음으로 구별하는 두 개의 음에 대해 민감하게 구별했었던 것을 떠올리기 바란다. 그것과 마찬가지로 공간 관계에서도, 모어(영어)에서는 구별하지 않고, 외국어(한국어나 일본어)에서 구별하는 관계(즉 사물과 그것이 이동되어 놓여진 장소의 접촉이 딱 맞는가, 헐렁한가)를 구별하지만, 성장하여 모어에 노출됨에 따라 모어에서 구별하지 않는 관계의 구별에는 주목하지 않고 '같다'고 간주해 버리는 것 같다.

상·중·하의 이해

지금까지 서술해 온 것처럼, 말은 세상에 존재하는 잡다한 사물을 체계화하고 통합한다. 그로 인해 아이들은 같은 말(이름)로 불리는 사물들을 '같다' 또는 '비슷하다'라고 느끼고 그 사물 간의 공통점을 찾게 된다. 그러나 '비슷하다'나 '같다'라는 인식은 사물끼리의 직접적인 관계에 한정되지 않는다.

여기에서, 다음과 같은 상황을 상상해 보자. 세 가지 색의 컬러 상자가, 세로로 위에서부터 녹색, 노랑, 파랑 순으로 쌓여 있다. 이것은 엄마의 상자이다. 아이는 그것보다 조금 더 작은 자신의 상자를 세 개 가지고 있고 위에서부터 노랑, 빨강, 흰색의 순으로 쌓여 있다. 아이의 상자 중간 단에 스티커가 든 봉투가 들어 있다. 엄마는 자신의 삼단 상자의 가운데인 노랑 상자에 봉투를 넣어 보이고, 아이에게 '○○야! 네가 가진 박스에도 같은 곳에 스티커가 들어 있어. 찾아봐'라고 말한다. 아이는 무슨 색 상자를 찾아보면 좋을까.

독자 여러분은 이 상황에서 '같다'라는 것은 애당초 애매모호한 것임을 눈치챘을까. 색이 같은 상자를 가리키는 것인지, 위치가 같은 상자를 가리키는 것인지. 예를 들어 위라든지 아래라든지, 오른쪽이라든지 왼쪽이라든지, 중앙이라든지 하는 말은 사물 자체를 가리키는 것이 아니라, 사물끼리의 위치 관계를 가리킨다. 이러한 관계를 나타내는 말을 사용할 때는, 사물 그 자체가 '같다'는 것은 관계없고, 관계關係 그 자체가 말이 가리키는 대상이 된다.

좀 전의 문제로 돌아가서, 성인은 이 상황에서 '같은 곳에 스티커가 들어 있다'라고 들으면, 중간 단의 상자라고 생각한다. 그러나 3, 4세의 유아는 대부분의 경우, 제일 위의 노랑 상자를 열고 스티커를 찾는다. 즉, 이 연령대의 아이들은 '노랑 상자'와 같은 '사물 그 자체, 또는 사물의 색이 같다'는 것은 금방 눈치채지만, '관계가 같다'는 것은 좀처럼 알아차리지 못한다. 이 상황처럼 '사물, 또는 사물의 눈에 띄는 속성이 같다'와 '관계가 같다'가 공존할 경우, 사물이 같은 쪽으로만 관심이 가기 때문에, 관계의 유사성은 전혀 눈치채지 못하는 경우가 많다. 어른이 올바른 장소를 한 번 가르쳐주고 보여주면 금방 알 수 있을 것이라 생각할지도 모르지만, 실은 그렇지 않고 몇 번인가 올바른 쪽을 가르쳐줘도 아이들은 알아차리지 못하고 색이 같은 상자를 계속해서 연다.

그러나 '위'나 '한가운데'라고 하는 말을 쓰면, 같은 연령의 아이라도 사물 자체가 아닌, 사물끼리의 위치 관계에 주목하게 된다. 즉, '위', '한가운데', '아래'와 같은 관계를 나타내는 말은, 아이들의 인식을 사물 자체의 인식에서 더욱더 추상적인 '관계'의 인식으로 확장시키는 역할을 하는 것이다.

사물이 아닌, 관계의 동일성을 학습하는 것은 침팬지를 비롯한 인간 이외의 동물에게는 매우 어렵다고 한다. 인간의 아이에게도 관계의 인식은 어렵지만, 관계를 나타내는 말을 가지고 그것을 학습함으로써 인간은 사물의 유사성, 동일성만이 아닌, 관계의 유사성, 동일성에 기초하여 세계를 분류하는 것이 가능해지는 것이다. 그렇게 생각하면 언어는 인간 이외의 동물에게는 불가능한 추상적인 사고를 인간의 아이가 할 수 있게 한다고 말해도 좋다.

전前 · 후後 · 좌左 · 우右

전, 후, 좌, 우도 관계를 나타내는 말이다. 이러한 말을 갖고 있지 않은 언어도 있다는 것을 제1장에서 소개했다. 그러면 '전', '후', '좌', '우'와 같이 상대적 관계를 나타내는 말을 모어로 가진 아이들의 인식은 이 말들을 학습함으로써 달라지는 것일까.

일반적으로는 동물이 인간보다도 공간상의 탐색 능력이 뛰어나다고 생각되고 있다. 그러나 동물에게도 약점이 있다.

예를 들면, 이러한 것을 알고 있다. 쥐는 폐쇄된 공간 안에서 방위를 실마리로 음식물을 찾을 수 있다. 그래서 쥐를 어떤 방으로 데려가서 방의 '북동쪽 구석'에 음식물이 있다는 것을 학습시키자 금방 스스로 그곳에 갈 수 있게 되었다. 또, 방 안의 눈에 띄는 표시가 있는 곳에 음식물이 있다는 것도 금방 학습했다. 그러나 '표시에서 북동방향으로 간 곳'이라고 하면 학습이 매우 어렵고, 몇 번이나 학습시켜도 좀처럼 음식물을 찾지를 못한다. 즉 '방위'와 '표시'를 따로따로 실마리로 이용할 수는 있어도 그것을 함께 이용하는 것은 어려운 것 같다.

쥐의 공간탐색

어느 연구에서는 직사각형의 방 한쪽 구석에 음식물을 두고, 쥐에게 찾게 했다. 방의 벽은 모두 하얗고, 서로 마주 보는 벽을 구별할 수 있는 표시는 없다. 예를 들어 직사각형의 방에 미로를 만들고, 그 방의 구석에 음식물이 있는 것을 학습시킨다. 그러면 쥐는 쉽게 학습하고 그곳에 다시 음식물을 찾으러 갈 수 있다. 단, 방향 감각을 잃게 하여 원래 어느 곳으로 향하고 있었는지를 모르게 하면, 음식물이 놓여 있던 구석과 대각선의 반대쪽 구석을 같은 비율로 찾는다. 그러나 남은 두 개의 구석은 찾지 않는다.

즉, 쥐는 벽의 좌우 길이(긴 벽, 짧은 벽)를 실마리로 자신의 몸을 기준으로 하여 좌측, 우측을 구별할 수 있다. 쥐는 '좌', '우'라는 개념을 이해하고 있는 것은 아니지만, '좌', '우'라는 말을 모르더라도, 긴 벽을 보고 자신의 시야의 어느 쪽에 음식물이 있었는지는 기억할 수 있는 것일 것이다.

인간 성인과 쥐의 차이

이번에는 인간 성인에게 같은 실험을 해 보자. 모든 벽이 새하얀 직사각형의 방 한구석에 물건을 숨긴 다음, 눈을 가리고 빙빙 돌게 하여 방향 감각을 잃도록 만든 후, 눈가리개를 풀고 좀 전의 물건을 가지러 가게 한다. 이때, 인간 성인도 쥐와 비슷한 행동을 취한다. 즉, 원래 물건이 감추어져 있던 구석과 대각선상의 반대쪽을 같은 비율로 찾는 것이다. 즉 정확도는 50%가 된다.

이번에는 같은 형태의 방에서 같은 구석에 같은 물건을 숨기는데, 이때 짧은 벽의 한쪽을 검게 칠한다. 그러자 이번에는 인간 성인은 방향을 잃어도, 거의 100%, 물건이 숨겨져 있는 구석을 찾을 수 있다.

그러나 쥐에게는 그것이 가능하지 않다. 사면이 새하얀 경우와 마찬가지로 먹이가 있는 구석과 대각선인 구석을 반반으로 고른다. 쥐가 흰색과 검은색을 구분할 수 없는 것은 아니다. 검은 벽 앞에 먹이가 있는 것을 학습시키면, 쉽게 학습할 것이다. 그러나 쥐는 방 형태의 단서와 벽 한 면이 검정이라는 단서를 동시에 이용하지 못하고, 방의 형태에만 의존해 버리기 때문에 50%의 정답률이 되는 것이다.

쥐와 같은 2세 유아

인간의 2세 유아에게 같은 실험을 해 보았더니, 2세 유아는 쥐와 같은 행동을 보였다. 즉, 벽 한 면에 색이 칠해져 있든 없든 물건이 숨겨져 있는 구석과 대각선에 있는 구석을 무작위로 탐색하는 것이다. 그것이 5, 6세 정도가 되면, 짧은 벽 한 면이 검은 경우에는, 성인과 마찬가지로 물건

160   언어와 사고

이 숨겨져 있는 구석만을 탐색할 수 있게 된다. 참고로, 좀 더 자세히 살펴보니, 4세 정도라도 '좌', '우'라는 말을 바르게 사용할 수 있게 된 아이들은 물건이 숨겨져 있는 구석을 탐색할 수 있다는 것을 알 수 있었다. 즉, '좌', '우'라는 말을 알고, 그 의미를 이해하는 것과 공간탐색의 방법에는 관계가 있을 것 같다.

언어를 사용할 수 없게 된 성인

언어와 공간탐색 방법의 관계에 대해서 더 알아보기 위해, 인간 성인을 다음과 같은 방법으로, 일시적으로 '언어를 사용할 수 없는 상태'로 만들었다.

이 성인은, 앞서 소개한 실험 때와 마찬가지로 방으로 데려가서 사물을 숨긴 곳을 보여 준 다음 눈가리개를 해서 빙빙 돌린다. 빙빙 도는 동안 줄곧 헤드폰을 통해 들려오는 이야기를 그대로 계속해서 복창하도록 지시한다. 즉, 사물이 숨겨져 있는 위치를 보고 있을 때, 언어는 다른 일을 하고 있기 때문에 사물의 위치를 언어화할 수 없는 상황이 된 것이다. 그러자, 그 사람들의 행동은 완전히 쥐나 2세 유아처럼 되었다. 벽 한쪽에 색이 칠해져 있어도, 사물이 숨겨져 있는 구석과 대각선인 구석을 구별할 수 없게 되어 버린 것이다.

이 실험에서도 공간상 사물의 위치를 기억하거나, 공간을 탐색하거나 할 때, 언어에 크게 의존하고 있음을 잘 알 수 있다. 언어를 사용할 수 없으면, 복수複數의 실마리를 함께 사용할 수 없게 되어 버린다.

사람 이외의 동물 대부분은 절대적인 방향정위능력方向正位能力 : 제2장에서 소개한 Dead-Reckoning을 갖추고 있어서 자연스러운 상황에서는 그다지 곤란하지 않다. 그러나 대부분의 인간에게 있어서는 언어를 사용할 수 없는 것은 공간탐색에 있어서 상당히 큰 불이익이 된다. 그러나 이것도 생각해 보면, 언어를 사용할 수 있게 됨으로써 사람이 본래 가지고 있던 절대적인 방향정위능력이 퇴화하여 버린 것인지도 모른다. 제1장에서 소개한, 공간 관계를 상대적으로 나타내는 방법을 사용하지 않고 모두 절대적인 방향을 사용하는 언어를 말하는 사람들은 언어에 의지하더라도 그 언어를 사용하는 것 자체가 절대적인 방향정위가 필요하므로 그 능력을 유지하고 있다고 생각할 수 있지 않을까.

4세 아이는 절대적 틀의 인식

그런데, 제2장에서 말한 바와 같이 상대적 틀로 사물끼리의 공간상 위치 관계를 말하는 것이 주류主流인 언어의 화자는, 복수의 사물(동물 장난감)이 늘어서 있는 것을 관찰하게 한 다음에 반대 방향으로 돌게 하고, 좀 전과 같은 순서로 열을 재현하도록 지시하면, 앞서 자신을 중심으로 오른쪽에서 왼쪽으로 늘어서 있던 사물들을 이번에도 똑같이 자신을 중심으로 오른쪽에서 왼쪽으로 늘어놓는다. 즉, 180도 회전했기 때문에 절대적인 방위로서는 이전과 반대 방향으로 사물이 놓이게 되는 것이다. 그에 비해 절대적인 틀이 주류인 언어의 화자는 남북이나 동서와 같은 방위가 같도록 늘어놓기 때문에, 자신이 중심이 됐을 때 좌우 순서는 반대가 된다.

그러면, 이러한 과제를 아이들에게 실시했을 때, 절대적 틀이 주류인 언어를 모어로 하는 아이들과 상대적 틀이 주류인 언어를 모어로 하는 아이들은 어릴 때부터 반응 방식이 다를까.

상대적 틀이 주류인 언어의 아이들이 '좌'와 '우'라는 말을 학습하는 시기는, 사물의 이름 등에 비해 꽤 늦고, 이 말들을 틀리지 않고 쓸 수 있게 되는 시기는, 5, 6세라고 한다. 그보다 어린아이들은 앞과 같은 과제는 전혀 수행할 수 없고 무작위로 반응하게 되는 것일까.

이것을 알아보기 위해 네덜란드와 독일의 연구팀은 절대적 틀이 주류인 언어를 말하는 사람들과 상대적 틀이 주류인 네덜란드어를 모어로 하는 아이들과 성인을 대상으로 실험을 했다. 이 실험의 대상이 된 절대적 틀의 언어는 아프리카의 코이산^{Khoisan}어족의 하나인, 나미비아^{Namibia}의 하이콤^{Hai//om}*이라는 언어이다.

이 실험에서는 어느 작은 사물을, 테이블에 늘어서 있는 컵의 밑에 감춘다. 그다음, 180도 반대로 향한 같은 형태의 테이블 위에 같은 배치로 컵을 두고 조금 전에 감춘 것과 같은 것이 조금 전에 감춘 장소와 같은 장소에 있으니 찾으라고 지시했다.

성인의 경우에는 이미 언급한 동물 장난감을 일렬로 줄 세우는 과제와 동일하게, 하이콤어 화자는 절대적인 방위가 같지만, 자신을 중심으로 한 좌우는 반대가 되는 장소를, 네덜란드인은 상대적으로 자신을 향하여 오른쪽, 왼쪽은 같지만, 방위는 반대가 되는 장소에 놓인 컵 밑을 찾

---

* 하이콤(Hai//om)에서 //는 혀를 차는 것에 의한 '측방 클릭음'을 나타낸다. 이 음은 [k]와 비슷한 음으로 들리기 때문에, 여기에서는 '하이콤'이라고 표시했다. 클릭음은 일본이나 인도유럽어에는 보이지 않지만, 아프리카의 여러 언어나 캐나다 원주민언어 등에서 사용된다.

았다. 어느 쪽 언어에서도, 7세 아이는 성인과 같은 반응을 했다. 그러나 4세 아이는 달랐다. 4세 아이는 어느 쪽 언어를 말하는 아이도 모두 절대적인 방위가 같은 위치를 찾은 것이다.

연구자들은 다시 같은 실험을 절차를 조금 바꿔서 고릴라, 침팬지, 오랑우탄 등 3종의 유인원에게도 실시했다. 그러자 3종의 유인원 모두 인간의 4세 아이와 같이 절대적인 방위가 같은 위치에 있는 컵을 선택했다.

즉, '좌', '우'와 같은 상대적 틀에 따른 말을 학습하기 전의 아이는, 공간상의 사물 위치 인식은 사람 이외의 동물과 마찬가지로 절대적 틀을 따르는 것 같다. 일본어 화자를 포함하여, 상대적 틀을 주류로 하는 언어를 모어로 하는 성인은 '전', '후', '좌', '우'와 같은, 자신, 또는 사물이 중심이 된 상대적인 관점에서 사물의 위치를 표현하는 것을 당연하다고 생각하고 실제로 이 말들을 사용하지 않고 절대적인 방위만으로 사물의 장소를 나타내는 것은 매우 곤란하다. 그러나 인간 아이를 포함하여, 동물전반에 보편적으로 공유되는 인식은 절대적 틀의 인식으로, 상대적 틀에 따른 공간의 위치 인식은 언어에 의해 만들어진 것 같다.

언어가 사람의 인식에 초래하는 것

인간 이외의 동물과 인간의 아이, 성인의 인식 비교에 관한 이야기가 나왔으니, 여기에서 다시 이 관점에서 언어가 인간에게 초래하는 것을 생각하고, 나아가 언어와 인식의 관계를 생각해 보고 싶다.

불필요한 정보를 버리다

직감적으로 생각하면, 아기들의 주의력은 매우 엉성해서 여러 가지를 간과하기 쉬울 것 같다. 그러나 실제로는 그 반대일 때가 많다. 이 장에서는 아기들이 음이나 색, 움직임 장면, 사물끼리의 위치 관계 등 여러 가지 장면에서 매우 세세한 주의를 기울여 우리 어른들은 눈치채지 못할 것 같은 사소한 차이를 잘 알아차리는 점을 소개했다. 그러나 아기들이 모어로 사용하는 언어가 각각의 분야에서 세밀한 차이를 구별하지 않고 묶어버리는 경우, 아기들은 그것들을 구별하는 데 주의를 기울이지 않게 되고 구별하지 않게 되어 버린다.

일반적으로 아이들이 성장한다는 것은 지식이 늘어서, 지금까지 할 수 없었던 것을 할 수 있게 되는 것이라고 생각하고 있다. 지식에 관해서는 맞는 말이다. 그러나 지식 정보의 처리라는 것은 한 번에 처리할 수 있는 양이 한정되어 있다. 실제로 인간이 쇼토쿠 태자聖德太子처럼 10가지의 다른 정보에 동시에 주의를 기울여, 전부를 동시에 처리하는 것은 불가능하고, 그렇게 하려고 하면 정보처리가 파탄 나 버린다.

여담이지만, 여러 분야에서 숙달하는 과정에도 마찬가지일 수 있다. 숙련자가 지각정보의 처리를 할 때, 그때마다 환경에 존재하는 모든 정보를 한꺼번에 받아들이고 모든 것을 병행해서 처리하는 것은 아니다. 오히려 초심자보다도 정보를 압축해서 받아들이고, 필요한 정보만을 처리한다. 그때 숙련자는 어느 정보가 필요하고, 어느 정보가 필요하지 않은가를 순간적으로 판단해서 필요한 정보에만 집중할 수 있다. 그것이 숙련자의 특징이다.

즉, 정보를 원활하게 처리하고, 지식을 효율적으로 획득하기 위해서는 불필요한 것에 쓸데없이 주의를 기울이지 않는 것이 매우 중요하다. 아이들은 자신의 모어를 학습함으로써 그 언어를 능숙하게 구사하기 위해서 '듣다', '보다'라는 기본적인 지각의 정보처리를 빠르고 정확하게 할 수 있도록 불필요한 정보에 주의를 기울이지 않게 하는 것을 배운다.

추상적인 동일성의 확인

외관상의 유사성은 우리의 인식에 매우 강한 임팩트를 준다. 그러나 언어를 사용하기 위해서는 외관상 '비슷하다'를 넘어서, 관계에 주목하고 '관계의 동일성'에 주목할 필요가 있다.

사물은, 여러 가지 행위를 표현하는 다양한 동사와 함께 사용된다. 예를 들어, '볼'은 '던지다'라는 동사뿐만 아니라, '차다', '두다', '넣다', '치다', '치우다', '굴리다' 등 실로 다양한 동사와 함께 쓰인다. 동사를 학습하기 위해서는 사람이 볼을 던지고 있는 장면과 사람이 볼을 굴리고 있는 장면을 봤을 때, 이 둘을 '다른 행위'로서 구별하고, 사람이 볼을 던지고 있는 장면과 지우개를 던지고 있는 장면을 '같은 행위'로서 볼 줄 알아야 한다. 앞에서 말한 '위, 한가운데, 아래'의 관계도 마찬가지로, 어떤 사물인가에 따라 '위'라고 하는 위치가 정해지는 것이 아니라, 같은 사물이 위에 있는 경우와 아래에 있는 경우에는 '다른 위치', 볼과 지우개가 함께 위에 있으면 그것은 '같은 위치'라고 인식돼야 한다.

사물이 달라도 관계가 같은 것을 '같다'라고 간주하는 것은 비유나 유추에서도 볼 수 있다. 예를 들어 '책은 뇌에 있어서 가장 효과적인 비료이다'와 같은 비유를 발화發話하거나, 이해하거나 하는 것은, 실제로는 상당히 동떨어진 존재인 '식물'과 '너'가 '성장하기 위해 영양이 필요함'이라는 매우 추상적인 관계성에 있어서 '같다'라고 간주함으로써 가능한 것이다.

이렇듯 본래라면 '외관도 성질도 전혀 다른' 사물끼리 무언가의 관계에 기초하여 '같은 것'이라고 간주할 수 있는 것은 인간 지성의 가장 중요한 특징 중 하나라고 해도 좋을 것이다. 관계의 동일성에 기초하여 '같다'는 것을 인식하는 것은 사람 이외의 동물에게는 물론이고 인간의 젖먹이 아기나 유아들에게도 쉬운 일은 아니다. 그러나 인간의 아이들은, 말에 이끌려 외관상으로는 크게 다른 사물끼리의 관계가, 같은 관계를 나타내는 말로 표현되는 것을 경험함으로써 감각적으로는 직접 경험할 수 없는 사물끼리의 추상적인 관계의 '동일성'을 배워가게 되는 것이다.

흥미로운 에피소드를 소개하고 싶다. '자물쇠 : 열쇠 = 페인트 캔 : △'에서 △에 해당하는 것은 무엇인가를 답하는 문제를 생각해 보자. △은 페인트 솔일까, 오프너일까. 이번에는 다른 문제이다. '문자가 적힌 종이 : 연필 = 페인트 캔 : △'의 경우에는 △는 페인트 솔일까, 오프너일까. 처음 문제의 답은 오프너이고 다음 문제의 답은 페인트 솔이다.

처음 문제에서는 '열쇠는 자물쇠를 여는 것'이니까 '페인트 캔을 여는 것'이 △에 오는 것이다. 두 번째 문제에서는 '종이에 적힌 문자를 쓰는 데 사용하는 도구'가 연필이니까 '페인트를 칠하는 데 사용하는 도구'가 △에 해당하는 것이다. 이것은 성인이면 간단히 알 수 있는 아날로지Analogy : 유추의 문제로 답을 찾으려면 우선 A와 B의 관계를 생각하고, C와의 관계가 앞의 관계와 '같은' 사물을 찾아야 한다.

이것은 침팬지는 전혀 풀 수 없는 문제이다. 그러나 프리맥^{Premack}이라는 미국의 연구자는 침팬지에게 '같다'와 '다르다'를 나타내는 기호문자를 가르쳤다. 훈련에는 오랜 시간이 걸렸지만, 이 침팬지는 '같다', '다르다'라는 문자가 의미하는 바를 학습했다. 이 침팬지에게 앞에서 본 기능적 아날로지 문제를 풀게 했더니 우연보다도 높은 확률로 이 문제들을 풀었다는 것이다.

'같다'와 '다르다'라는 말을 갖는 것 자체가, 사물 자체의 동일성이 아니라 '관계가 같다'는 것에 주목해서 유추하고 관계의 카테고리를 만들어 가는 것을 돕는 것이며, 이것은 인간뿐만 아니라, 침팬지에게도 적용할 수 있는 것 같다. 단, 실험실에서 좀 전과 같은 아날로지 문제를 풀 수 있는 침팬지도, 배웠던 '같다', '다르다'라는 말을 이용해서 실험실 밖의 보통 생활 장면에서의 관계 개념을 스스로 학습하는 것은 전혀 볼 수 없었다고 한다.

인간의 아이들에게 있어서도 처음에는 외관의 유사성에 의한 영향이 매우 강하고, 그 때문에 관계의 동일성을 이해하고 그것에 기초하여 유추하거나, 카테고리를 만들거나 하는 것은 매우 어렵다. 앞에서 언급한 아날로지 문제도 통상 4, 5세 정도의 아이들은 풀 수가 없다. 그러나 인간의 아이는 침팬지와는 달리 말을 배우면 그것을 자발적으로 다른 장면에서 사용하고 스스로 관계의 개념을 이해하고, 배워 가게 된다. 어떤 것을 배우면, 그것을 발판으로 더욱더 추상적인 관계에서 공통성을 찾아내어, 개념을 발전시켜 갈 수 있는 것이다.

정보를 통합하다

앞에서 인간의 2세 아이와 쥐는 직사각형 방의 한쪽 구석을 찾을 때, 방의 형태 정보, 벽의 색 정보를 각각 따로 사용할 수는 있지만, 동시에 사용하는 것은 불가능하다고 말했다. 쥐도 2세 아이도 공간상에 있는 표시를 이해하지 못하는 것도, 사물을 찾는데 그 정보를 사용할 수 없는 것도 아니다. 그러나 2개의 정보를 통합하지 못하는 것이다.

뇌에서는 공간의 형태 등 기하학적幾何學的 또는 위상학적位相學的인 정보처리와 사물의 특징이나 색 등의 정보처리는 다른 경로로 처리된다. 따로 처리된 정보를 각각 따로 기억하고 쌍방을 고려해서 찾고 있는 사물의 위치를 결정하는 것은 정보처리에 있어서 매우 큰 부담이 된다. 언어는 여기에서 복수의 정보원으로부터의 정보를 치밀하게 종합하여, 마음속에서 하나의 이미지(표상)를 만드는 것을 가능케 한다.

앞에서도 잠시 언급했듯이, 쥐도 어린아이도 '좌', '우'라는 말은 없어도 '직사각형의 긴 변을 향해서 이쪽(좌측 또는 우측)'이라는 표상을 만들어 기억할 수 있다. 그러나 다른 처리체계에서 만들어진, 제각각 다른 이미지를 하나의 표상에 치밀하게 종합하는 데는, '짧고 푸른 벽을 좌측으로 봤을 때의 긴 벽의 왼쪽 구석'과 같은 언어 표현이 필요하다.

수의 인식에서도 언어가 다른 정보처리 시스템을 통합하는 역할을 담당하는 것은 이미 설명했다. 2세 이하의 인간의 아이나 사람 이외의 동물은, 모두 딱 봐도 알 수 있는 작은 수를 정확하게 파악하여, 더하거나 빼거나 하는 경로와, 큰 수를 역시 잠깐 보고 대강의 양으로서 파악하는 경로, 두 개의 처리 경로를 가진다. 후자의 경로를 전자의 정확한 수 인식에 연결하여, 보기만 해서는 바로 알 수 없는 큰 수에 대해서도 정확히 인식할 수 있는 능력은, 수를 나타내는 말을 학습하고 하나의 말이 특정한 수를 정확하게 나타내는 것을 학습함으로써 얻을 수 있다고 생각되고 있다.

기본적 인지능력의 조합

우리 인간이 가지고 있는 여러 인지능력 중 기초적인 것은 인간 이외의 동물도 가지고 있다. 사물을 지각하고, 그것에서 사물의 성질이나 운동을 예측하고, 인과관계를 추론하는 능력은 인간 이외의 동물에게도 있고, 그 능력이 인간보다도 뛰어난 경우마저 있다.

그러나 우리는 언어를 가짐으로써, 동물이 인식하지 못하는 것을 인식한다. 사물을 지각적인 유사성이나 먹을 수 있다, 없다는 것 같은 한정된 기능성에만 기초하여 분류하는 것이 아니라, 복수의 관점에서 분류하고 그물의 코와 같은 거대한 개념 네트워크를 만들어 낼 수 있게 된 것이다. 그리고 문맥, 용도에 따라서 다른 시점에서 '같은 사물'을 골라내어 다양한 종류, 계층의 카테고리를 만들 수도 있게 되었다. 그들 카테고리에 이름이 붙여지면 사람은 그것들을 '같은 것'으로 인식하고, 사물끼리의 외관이 크게 달라도 이름을 공유하는 것을 단서로, 본 적이 없는 사물의 성질이나 행동에 대하여 예측할 수 있다. 즉, 언어에 의해 인간은 사물끼리의 분류를 넘어 사물을 변수로 한 추상적인 관계의 카테고리를 자유자재로 만드는 것을 가능케 하고 비유나 유추로 인해 실제로는 존재하지 않는 관계의 유사성에 대한 인식으로까지 발전시킬 수 있게 된 것이다.

정리하면, 사람은 언어로 인해 전혀 다른 사물에 의한, 외관상으로는 완전히 다른 사물, 사건, 사상을 '같은 사물', '같은 내용'으로 인식하고, 이미지를 공유하며 서로 소통할 수 있게 되는 것이다. 다시 말하면, 언어는 우리 인간이 환경을 다양한 시선으로 조명하고, 인식의 기본적인 부분, 즉, 사람 이외의 동물도 가지고 있는, 지각 능력, 카테고리 형성 능력, 추론 능력 등 각각의 기본적인 인지능력을 용도에 따라 조합할 수 있게 하고 있다.

아이가 말을 배울 때

부분을 조합한다는 것은 단순히 1+1=2로 만드는 것이 아니다. 예를 들어, 큰 수라도 '외관' 베이스의 개수槪數로서의 수가 아닌, 정확한 수가 존재한다는 인식은, '1'이라는 말이 '2개도 0개도 아닌 단지 1개의 사물'에 대응한다는 인식에서 비롯된다. 이러한 인식 후에, 이번에는 '2'라는 말은 '1개도 아니고 3개 이상도 아닌 정확히 2개의 사물'에 대응하는 것을 인식한다.

처음에는 1의 의미, 2의 의미는 따로따로 학습된다. 그러나 '2'라고 하는 말을 기억하고 그 의미를 알면 '1'이라는 말도 사물의 수를 나타내는 말이라고 기억해 낸다. 그러면 '3'의 의미에 대한 이해는 '2'의 의미에 대한 학습보다 훨씬 쉬워진다. '3'은 '1', '2'와 마찬가지로 수에 관한 말이라는 것을 알아차리면 '3'을 '1', '2'와 비교해 1도 2도 아니고 '많은'도 아닌 3개라는 정확한 수의 사물을 나타내는 말이라는 것을 안다.

아이는 이렇듯 하나하나의 말의 의미를 학습하면 곧바로 복수의 말을 관련지어 거기에 내재한 규칙성패턴을 추출해, 그 후의 학습을 가속화하고 한층 더 심도 있는 것으로 만들어가는 것이다.

사물을 나타내는 말을 학습해 갈 때, 아이는 처음 수개월은 익숙한 사물의 이름을 하나하나 천천히 익혀 간다. 그러나 수개월 지나 기억하는 말이 어느 정도 많아지면 아이들은, 말은 어떠한 카테고리에 대응하는가와 같은 추상적인 지식을 획득한다. 거기에서 더 나아가 하나의 사례와 결합한 말은 다른 어떠한 대상에 사용할 수 있을까 하는 식으로 생각이 발전하여, 언어 전반에 적용할 수 있는 패턴을 추출하게 된다. 그리고 실제로 그 패턴(규칙성)을 처음 보는 대상에도 점점 적용하게 되는 것이다. 그러면 아이가 기억하는 말의 수는 지금까지와는 비교도 되지 않을 정도로 증가하고, 새로운 말의 학습은 점점 가속화하는 것이다.

아이들이 어떤 식으로 새로운 말을 학습하는가에 관해서는 다른 서적 저자의 책 『언어 학습의 Paradox』, 『어휘(Lexicon)의 구축』에 상세하게 기술하였으므로 여기에서는 이 이상 언급하지 않겠지만, 이처럼 아이들이 무엇인가를 하나하나 습득하면 거기에서 규칙성을 추출하고, 그 규칙성을 사용하여 학습을 가속해 끊임없이 지식의 깊이를 더해가는 것은 언어 학습 장면에 한정되지 않고, 아이들의 지성 발달 과정에서 매우 자주 볼 수 있는 것이다.

그리고 이것은 인간 이외의 동물과 인간을 나누는 특징이라고 말할 수 있다. 침팬지 등의 동물에게 수의 심벌(산수용 숫자 및 한자 숫자)과 수(예를 들어 막대 수)를 훈련해 학습시키는 것은 가능하다. 그러나 훈련을 시킬 때, 1과 막대 한 자루, 2와 막대 두 자루의 대응을 학습하면, 그 이후 3과 막대 세 자루, 4와 막대 네 자루, 5와 막대 다섯 자루와 같이 수를 늘려갔을 때 학습이 가속화 해, 도형 심벌과 막대 수를 대응시키는 데에 걸리는 시간이 짧아지는 현상은 사람 이외의 동물에게서는 관찰되지 않았다.

마찬가지로 침팬지에게 '구두'에 대해서는 이 도형, '열쇠'에 대해서는 저 도형과 같이 사물과 심벌의 대응 학습을 시킬 때, 새로운 대응을 학습하는 데 필요한 시간이 학습 도중에 극적으로 단축되는 현상은 볼 수 없다. 인간의 아이의 경우, 규칙성을 찾아내면, 새로운 말은 거의 즉시 학습하고, 직접 배우지 않은 대상에 대해서도 그 말을 정확하게 사용할 수 있게 되는 것과는 매우 대조적이다.

'같다'라는 인식

이러한 규칙성을 찾아내는 데에, 말이 존재하는 것 자체가 큰 역할을 완수한다고 생각할 수 있다. 앞서, 말은 외관상의 유사성을 넘어 '같다'라는 인식을 부여한다고 말했다. 말의 의미 학습이란, 단순히 하나의 사물의 사례와 어떤 특정 음의 열의 결합을 기억하는 것이 아니다. 그 말이 가리키는 대상의 집합(즉, 카테고리)과의 대응을 학습하는 것이다. 아이는, 비슷하지만, 동시에 서로 조금씩 다른 대상에 같은 말을 쓰는 것을 경험하고 그 다른 것들이 사실은 같은 것이라는 인식을 얻게 된다. 이것도 역시 개별의 말과 개별의 사물 결합 학습을 넘어선 인식이지만, 이 인식이 더욱 다양한 규칙성을 찾아낼 수 있게 돕는 것이다.

'일'이라고 하는 말이 정확하게 사물 한 개에 대응한다는 것을 학습한다는 것은, 성인인 우리의 시선에서 보면, 간단하게 여겨질지도 모른다. 그러나 아이들의 주위에는 다양한 것들이 넘쳐나고 있다. 바나나 1개, 바나나 2개, 사과 1개, 장난감 자동차 1개……. '일'이라고 하는 말과 함께 아이들은 이러한 다양한 사물들이 있는 장면과 조우한다. 그 안에서 수라는 의미에서는 바나나 1개와 바나나 2개가 같지 않고, 바나나 1개, 사과 1개, 자동차 1개가 같은 것이라고 깨닫는 것은, 실은 그리 쉬운 일은 아니다.

때문에 '일'이라고 하는 말은, 외관상으로는 매우 다양한 것들로 이루어진 잡다한 장면 간의 공통성 — 즉, 어떤 장면도 사물이 한 개이다 — 을 아이들이 깨닫는 데 매우 큰 힘이 된다. 이 이해를 발판으로, 아이들은 수의 집합이라고 하는 인식을 획득하고, 수라고 하는 추상적인 인식을 얻는다. 사람은 거기에서 한 단계 더 나아가, 사물과 대응하는 수, 즉 자연수를 넘어서 유리수, 무리수, 나아가서 허수라고 하는 개념으로까지 발전시켜갈 수 있는 것이다. 즉 말은 1+1이 2가 아니라 외관의 유사성을 초월한 '같음'을 찾아내고, 아이가 사고를 점점 더 한없이 추상적인 개념 세계로 발전시켜가는 것을 가능하게 하는 도구이다.

유연한 사고를 가능하게

언어는 세계를 여러 다른 시점에서 정리한다. 예를 들면, 당신의 집에 있는 '타로'라는 개는 '개'인 동시에 '애완견'이며, '닥스훈트'라는 견종이기도 하고, '포유류'이며, '동물'이면서, '생물'이다. 아이들은 언어를 학습함과 동시에 하나의 사물을 여러 계층으로 정리하고, 각각의 카테고리에 다른 이름이 붙는다는 것을 안다.

세계를 다른 시점에서 정리하고 바라본다는 것은 말에만 국한된 것은 아니다. 문장을 만들 때 같은 내용을 전달하는데, 같은 사항이라도 무엇(누구)을 강조하고 싶은가에 따라서 주어와 목적어를 바꾸어 넣거나, 수동 형태로 만들거나, 다양한 구문을 사용해서 다르게 표현할 수 있다. 아이들은 자신에 대한 말투뿐만 아니라 어른들끼리 대화하는 것을 듣고 제삼자끼리 무엇을 하고 있는지, 무엇을 생각하고 있는지를 알 수 있다.

즉, 언어는 아이에게 자신 이외의 시점에서 세계를 바라보는 것을 가르치고, 세계를 여러 다른 관점에서 정리할 수 있다는 것을 깨닫게 하여, 다양한 단면, 다양한 표현으로 자신의 경험을 말할 수 있게 하고, 나아가 경험을 여러 복수의 시점, 관점에서 반추할 수 있게 한다. 그것에 대한 인식 그 자체가 인간의 아이를 사람 이외의 동물은 가질 수 없는 유연한 사고로 이끄는 것이다.

사고혁명과 워프 가설
이 책에서는 사고와 언어의 관계에 대한 학설 가운데 가장 유명한 워프 가설을 소개했다. 제2장에서는 다른 언어를 말하는 사람들의 인식이 워프가 주장한 것처럼 서로 이해할 수 없을 정도로 다른 것인가 하는 관점에서 고찰했고, 이 장에서는 그것에 관해 언어를 학습함에 따라 아이의 인식과 사고가 어떻게 변모되는가라는 관점에서 언어와 사고의 관계를 고찰해 보았다.

후자의 관점에서 보면 언어가 인식과 사고의 형태를 만든다고 하는 워프의 가설은 명백하게 옳다. 아이가 언어를 학습함으로써 얻는 것은 셀 수 없을 정도로 많다. 언어를 배우는 것은 커뮤니케이션의 수단을 얻는 것이다. 언어로 서로의 의사나 기분, 생각을 전달할 수 있는 능력은 인간과 동물을 가르는 큰 차이이다. 그러나 언어가 아이들에게 초래하는 것은 단순히 커뮤니케이션의 수단에 그치지 않고, 언어를 배움으로써 지금까지와는 다른 인식을 얻는 수단과 사고의 수단을 획득하는 것이다.

우리의 지성에 있어서 중요한, 거의 모든 분야에서, 언어는 인지 혁명이라고도 할 수 있는 크나큰 인식의 변모를 초래한다. 사물의 인식에 있어서, 외관상의 유사성에 의한 '같다'라는 인식에서, 추상적인 관계에 근거한 '같다'라는 인식으로의 이행을 초래한다. 수 인식에 있어서, '대략적인 양'에서 '정확한 수'의 개념으로 이행된다. 공간 인식에 있어서, 절대적인 방위를 기준으로 한 사물끼리의 공간 관계의 인식에서 자기, 또는 가까운 사물(또는 사람)을 중심으로 한 상대적인 공간 관계의 인식으로의 이행을 초래한다. 즉, 언어는 우리가 다양한 시점에서 사물이나 사건에 대하여 말할 수 있게 했다. 이러한 시점의 다양화가 유연한 인식을 초래하는 것이다.

동물과 인간의 지성의 차이는 매우 크지만, 그것은 단순히 유전자의 차이, 뇌 구조의 차이에서 모두 기인하는 것은 아니다. 인간 인식의 기초가 되는 대부분의 요소는 인간 이외의 동물도 공유하고 있다. 언어를 말하기 전의 인간 아기의 인식은 인간 성인보다도 동물 쪽에 가깝다고 해도 좋을지도 모른다. 인간 이외의 동물과 인간의 아이 사이에 크게 차이가 나는 점은 가지고 있는 지식을 사용하여 더욱더 학습해 가는 학습능력이다. 언어는, 우리 인간에게 전달을 통해 이미 존재하는 지식을 다음 세대에게 전할 수 있게 하였다. 그러나 그 이상으로, 배운 지식을 사용하는 것뿐만 아니라, 스스로 지식을 만들고, 그것을 발판으로 더욱더 지식을 발전시켜가는 도구로써 인간에게 주어졌다.

말과 인식의 관계라고 하면, 언어가 다르면 화자의 인식이 다른지, 아닌지 라는 점에 흥미가 집중되기 쉽다. 서로 다른 언어가 화자에게 어떠한 인식의 차이를 초래하는지를 아는 것은 확실히 매우 중요하다. 그러나 상대적으로 말해서 언어를 획득한 후, 언어가 다른 화자 간의 인식의 차이보다, 언어를 학습함으로써 발생하는 아이에게서 어른으로의, 혁명이라고 해도 좋을 만큼의 큰 인식과 사고의 크나큰 변모야말로 워프가설의 진수라고 생각해도 좋은 것은 아닐까.

제5장

언어는
인식에
어떻게
영향을
미칠까

그런데, 일상생활 속에서 언어는 어떠한 장면에서 어떻게 인식에 영향을 주고 있는 것일까. 이 장에서는 이 문제에 대해서 조금 생각해 보자.

언어정보는 기억을 바꾼다

안경과 아령

a 원래의 그림   b 〔덤벨〕이라는 라벨과 함께 본 사람이 떠올려 그린 그림   c 〔안경〕이라는 라벨과 함께 본 사람이 떠올려 그린 그림

〈그림 12〉

〈그림 12〉의 a에 그려져 있는 두 개의 원을 잇기만 한 그림을 보기 바란다. 그 후, 책을 덮고 차라도 마시고 나서, 이 그림을 보지 않고 생각나는 대로 그려 보기 바란다. 그다지 어려운 일은 아닐 것이다.

필자가 게이오慶應대학에서 담당하고 있는 수업을 수강하고 있는 학생들을 반반씩 두 그룹으로 나눴다. 한쪽 그룹의 학생들은 이 그림을 '아령'이라는 라벨과 함께 봤다. 그 후, 그림을 보지 않고, 조금 전 본 그림을 그리게 했다. 그러자 이 학생들은 b와 같은 그림을 그렸다. 다른 그룹의 학생들에게는, a그림을 '안경'이라는 타이틀과 함께 보여주고, 이 그룹 역시 봤던 그림을 기억으로 재현하게 했다. 그러자 학생들은 조금 전에 본 그림을 c와 같이 그렸다.

즉, 같은 그림을 보여줘도 그 그림에 이름이 붙으면 이름에 의해 그 기억이 크게 바뀌어버리는 것이다. '안경'이라는 타이틀과 함께 그림을 본 학생들은 실제로는 그려져 있지 않았던 안경다리까지 있었다고 굳게 믿어버린 것이다.

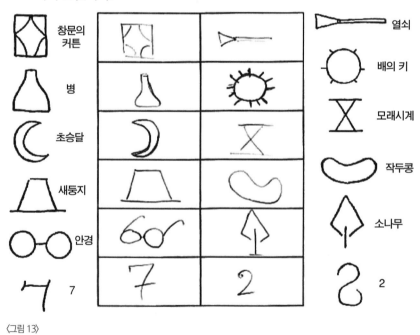

〈그림 13〉

같은 실험을 다른 열 개 남짓한 그림에 대해서도 실시했는데, 그중에서 한 학생이 그린 그림을 보도록 하자<그림 13>. 양쪽 끝에 그려져 있는 그림이 처음에 보여준 그림, 단어는 그 그림과 함께 보여준 그림의 타이틀이다. 중앙의 그림이 본래의 그림 각각에 대해서 이 학생이 기억해서 그린 그림이다. 각각 그림의 타이틀로 붙여진 단어가 가리키는 사물의 이미지를 향해, 본래의 그림이 왜곡된 것을 알 수 있다.

이것은 언어와 사고의 관계를 생각할 때에 중요한 것은, 예를 들어 '파랑과 녹색을 구별하는 언어'와 '파랑과 녹색을 구별하지 않는 언어'와 같이, 언어가 다른 화자의 인식이 같은지 다른지에 대한 문제의식만이 아니라는 것을 우리가 깨닫도록 해준다. 우리가 무의식적으로 무심코 보고 있는 세계에 대한 관점이나 기억에, 말은 큰 영향을 미치고 있다는 것을 이 실험은 가르쳐 주는 것이다.

a와 the가 바꾸는 기억

언어는 보았던 사물에 대한 기억만이 아니라, 사건의 기억에도 영향을 미친다. 미국의 엘리자베스 로프터스Elizabeth F. Loftus라는 기억연구자는 실험협력자에게 차와 관계되는 다양한 비디오를 보여주었다. 그 후, 여러 가지 질문을 했다. 질문 중 하나로, 절반의 협력자에게는 "Did you see the broken headlight?"라고 묻고 나머지 협력자에게는 "Did you see a broken headlight?"라고 물었다.

이것은 일본어로 번역하면 어느 쪽도 '(사고에 휘말린) 차의 부서진 헤드라이트를 보았습니까?'라는 의미로 두 문장의 차이를 구별하기 어렵다. 그러나 중학교에서 배운 영어의 a와 the의 차이를 떠올려 보기 바란다. 전자는 일반적으로 불특정한 무언가를 가리킬 때 사용한다. 그에 반해, 후자는 어떤 특정한 대상이 있을 때 사용한다. the broken headlight라고 했을 때는 깨진 헤드라이트가 있다는 의미를 포함하고, a broken headlight라고 했을 때는 깨진 헤드라이트가 있는지 어떤지에 대한 의미는 전혀 포함되어 있지 않은 것이다.

실제로, 보았던 비디오는 완전히 동일한 것이었음에도 불구하고, 질문에서 "Did you see the broken headlight?"라고 들었던 사람은 "Did you see a broken headlight?"라고 들었던 사람보다도 '보았다'라고 대답한 비율이 높았다. 즉, 같은 사고 장면을 봐도 나중에 들었던 질문 속의 상당히 미묘한 표현에 따라 사람의 기억은 영향을 받아 기억이 바뀌어버리는 일이 있는 것이다.

차가 충돌할 때의 속도

같은 연구자에 의한 다른 실험에서는 차가 충돌하는 비디오 장면을 실험협력자들에게 보여주었다. 협력자들에게 '차가 충돌했을 때, 차는 어느 정도의 속도로 달리고 있었습니까?'라는 질문을 했는데, 이때 협력자를 다섯 그룹으로 나누어 '충돌했다'라고 하는 표현을 다섯 개의 다른 동사를 사용해서 구분하였다. 다섯 개의 동사란 smashed, collided, bumped, contacted, hit이다. smashed는 상당히 강한 충격을 함의含意하고, 거기에서 서서히 충격의 강도는 약해져서, contacted는 충돌이라기보다 단순한 접촉을 의미한다.

다섯 그룹의 협력자들은 비디오를 봤을 때는 완전히 같은 조건에서, 같은 비디오를 보고 있었음에도 불구하고, 질문에서 사용된 동사에 따라 협력자가 추정하는 속도가 바뀌었다. smash^{격돌하다}라는 단어를 사용한 질문을 받은 사람은, 실제보다 꽤 빠른 속도를 추정하고, contact나 hit라는 동사를 들었던 사람은 실제보다 느린 속도를 추정했다.

언어가 사건의 견해를 바꾸다

언어가 바꾸는 뇌의 활동

필자 자신이 실시한 어떤 실험에서는 실험협력자에게 사람이 여러 형태의 움직임으로 걷거나 달리거나 하는 장면의 비디오를 다수 보게 하였다. 각각의 비디오(예를 들어, 사람이 어깨로 바람을 가르며, 큰 보폭으로 가슴을 펴고, 재빠르게 걷고 있는 장면)에 대해, '성큼성큼', '빨리', '걷다' 등과 같은 단어가 개별적으로 자막^{telop}으로 표시되었다. 이 실험에서는 기능적 화상 자기공명법, 통상^{functional} MRI라고 불리는 방법에 의해, 실험하는 동안 협력자의 뇌가 어떻게 활동하고 있는지를 측정했다.

그러자 화상을 보고 있을 때 함께 본 단어의 종류에 따라, 뇌의 활동 방식이 다르다는 것을 알았다. 부사^{'빨리'}, 동사^{'걷다'}를 봤을 때는 일반적으로 언어를 처리하는 부분(주로 의미 처리를 하는 부분인 좌반구의 측두엽)이 많이 활동했지만, 의태어^{'성큼성큼'}를 봤을 때는, 좌반구만이 아니라 우반구에서 제스처 등의, 언어 이외의 인지 활동을 하는 부분의 활동이 크게 눈에 띄었다. 특히, 사람이나 사물의 운동을 지각할 때의 뇌 속 네트워크에서 아주 중요한 중계점이 되는 MT영역이라 불리는 부분이, 의태어를 봤을 때는 동사, 부사 때보다도 강력하게 활동했다. 즉 움직임과 함께 의태어를 본 경우, '걷다', '빨리' 등의 보통 동사나 부사와 함께 같은 움직임을 본 경우보다도, 운동을 지각하는 부분이나, 운동을 실제로 하거나, 지금부터 할 운동계획을 세우거나 하는 부분의 활동이 많이 관찰되었다. 또한, 실제로는 말은 문자로 제시되어, 소리의 자극은 전혀 들리지 않았음에도, 언어가 아닌 환경 속의 소리를 들었을 때 활동하는 부분에도 움직임이 관찰되었다.

움직이는 장면이라고 한마디로 말해도, 우리의 눈에 들어오는 시각 정보는 매우 풍부하다. 움직이고 있는 사람과 그 움직임만이 시야에 들어오는 것이 아니라 주위에 있는 다양한 사물이나 사람 등의 배경정보나, 움직이고 있는 사람의 얼굴, 복장, 신체의 특징 등 여러 가지 정보가 눈에 들어온다. 그러나 우리가 보고 인식하는 것은 주의를 기울인 대상뿐이다. (단, '주의'는 의식적으로 기울이는 대상에 한정되지 않고, 무의식적으로 기울여지는 것도 포함한다.) 일반적으로 우리가 '봤다'라고 표현하는 행위는, 실은, '주의를 기울여 인식했다'라는 행위 바로 그것이다. (제4장에서 소개한, 미국인과 일본인 아기가 장소의 성격이 변한 것을 알아차리는지 어떤지를 조사한 실험을 떠올리길 바란다. 여기에서도 미국의 생후 19개월의 아기는 장소가 '보이지 않았다'라는 것은 아니고, '전에 본 것과 비슷한 장소라고 간주해서 주의를 기울이지 않았다'라는 것이다.) 지금 소개한 실험에서 의태어가 한 역할은, 아마도 사람이 움직이는 비디오 속에 포함되는 여러 가지 정보 중에서 보통의 동사나 부사보다 특히 움직임에 무의식적으로 주의를 기울이게 했다는 것일 것이다.

의태어의 움직임

의태어는 보통의 동사나 부사보다도 움직임에 대해 더욱 구체적이고 생생한 이미지를 상기시킨다. 그로 인해 장면 속의 다른 정보보다도 움직임 그 자체에 주의를 기울이게 하여, 움직임을 자신의 마음속에서도 모방하거나, 그 움직임의 준비를 하거나 하므로, 그것을 담당하는 뇌의 부분이 보통의 동사나 부사보다 활발하게 활동한 것이라고 생각한다. 또한, 의성어, 의태어는 말의 의미가 소리와 강하게 연결되어 있다. 그 때문에 의태어를 문자로 본 것만으로도 그 행위에 관계되는 소리예를 들어 발소리 등가 상기되어, 환경 속의 소리를 처리하는 뇌 부분이 동시에 활동했을 것이다. 물론, 실험에 협력해 준 사람들은 실험 중에 자신의 뇌가 단어에 따라 움직임을 달리하고 있는 것을 전혀 알지 못하고, 단어의 종류에 따라 운동에 주의를 기울이는 방법이 다르다는 것도 전혀 눈치채지 못했을 것이다. 그러나 단어는 장면에 대한 다양한 시각 정보나, 소리의 특정 정보에 무의식적으로 주의를 기울이도록 하고, 그 결과 뇌가 다르게 움직이는 것이다.

사람은 비디오카메라와 달라서 망막에 비치는 영상을 그대로 기억하는 것이 아니라 의식적이든 무의식적이든 주의를 기울인 시각 정보만을 기억한다. 단어가 장면에 대한 주의에 영향을 준다고 한다면, 필연적으로 기억에도 영향을 줄 것이다. 조금 전 사고 장면에 관한 기억 실험에서는, 이미 기억된 사건을 상기할 때에 단어가 기억을 바꾸었다. 그러나 말은 지금 눈앞에서 일어나고 있는 사건의, 어디에 주의를 기울이고 어느 부분을 기억에 남겨둘 것인가라는 것에도 크게 영향을 미치는 것이다.

색의 인식과 언어

바나나색에 대한 기억

조금 전, 무엇인지 확실치 않은 애매한 선으로만 그린 그림에 사물의 이름을 붙이면, 그림에 대한 기억이 라벨에 크게 영향을 받는다고 기술했다. 그와 비슷한 현상은 색에 대한 기억에서도 일어난다. 예를 들어, 우리는 바나나는 노란색이라고 알고 있다. 어려서부터 바나나라고 하면 노란색을 연상한다. 사람들에게 바나나그림을 그리게 하면 많은 사람은 선명한 노란색으로 바나나를 칠한다.

그러나 실은, 많은 바나나는 전형적인 밝은 노란색이 아니라, 그것보다도 꽤 흰빛이 도는 노란색이다. 그런데도, 사람들에게 색 표의 샘플을 보여주고 바나나의 색을 고르게 하면, 사람들은 실제의 색보다도 밝은, 소위 전형적인 노란색에 가까운 노란색을 고른다. 즉, 우리는 일상적으로 늘 보는 실제의 색을 그대로 기억하고 있는 것이 아니라, '바나나는 노란색'이라고 하는 것처럼 바나나에 결부된 색의 이름에 영향을 받아 '바나나의 색'을 기억하고 있는 것이다.

노란신호는 오렌지색

사물과 결부된 색의 이름이 다르면 같은 색을 봐도 그 사람이 말하는 언어에 따라 떠올리는 색이 달라지는 경우도 있다. 예를 들어, 신호등 한가운데에 있는 색은 일본인에게 있어서는 '노란색'이다. 독일에서도 '노란색Gelb'이다. 그러나 네덜란드에서는 이것을 '오렌지색oranje'이라고 부른다.

네덜란드의 연구자에 의해 행해진 연구에서는 독일어를 모어로 하는 독일인, 네덜란드어를 모어로 하는 네덜란드인에게 신호등의 그림을 보여 주었다. 한가운데의 색은 보는 때에 따라서 전형적인 노란색부터 전형적인 오렌지색 사이에서 여섯 단계로 바뀌었다. 실험협력자는 볼 때마다 그 색이 무슨 색인지를 질문받았다.

그러자 네덜란드인은 독일인이 '노란색'이라고 대답한 색에 대해, '오렌지색'이라고 대답하는 경우가 많았다. 그러나 그것과 완전히 똑같은 색을 당근과 바나나의 색으로서 제시한 경우에는 양 언어화자 사이에 차이가 없었다. 즉, 당근의 색으로 본다면 독일인과 네덜란드인은 보여준 색을 동일하게 기억하는데도 불구하고, 신호등의 색으로서 보여주었을 때는 네덜란드인은 독일인이(아마 일본인들도) '노란색'이라고 생각하는 색을 '오렌지색'으로 '봐'버린다는 것이다.

덧붙여서 말하면, 일본인은 신호등의 '진행'하라는 의미의 색을 '파랑'이라고 부르지만, 영어를 기원으로 한 많은 언어에서는 이 색을 '녹색'이라고 부른다. 지금의 실험 결과에 의하면, 일본어 화자와 영어 화자는 같은 신호등의 색을 보더라도 그 인식이 다를 것이다.

카테고리 지각이 사라지다

제2장과 제4장에서 언어에 따라 색이름의 카테고리가 상당히 크게 다르고, 그에 따라 다른 언어 특유의 '카테고리지각'이 생긴다고 말한 것을 상기해 주기를 바란다. 카테고리지각이란, 색의 지각이나 언어의 음소지각 등에서, 물리적으로는 연속적이고 명확히 끊어지는 곳이 없는데도 불구하고, 어느 지점을 경계로 실제로는 존재하지 않는 경계선이 그어져 경계선 안쪽이면 '같다' 경계선을 넘으면 '다르다'라고 심리적으로 인식되는 현상을 가리킨다.

제2장에서 러시아어나 그리스어에는 '파랑'을 '옅은 파랑'과 '짙은 파랑'이라는 두 개의 기초어로 나눠서 표시하고, 그것이 카테고리지각에 영향을 준다는 실험을 소개했다. 한 개의 색채 칩기준자극을 컴퓨터 모니터 중앙·위에 띄우고, 그 좌우·아래에 두 개의 칩을 보여준다책머리의 <화보 2>. 아래 두 개 중 하나는 위와 같고, 다른 하나는 그것과 약간 달랐다. 실험협력자는 어느 쪽이 위와 같은지 순간적으로 판단할 것을 요구받았다. 러시아어 화자는 같지 않은 쪽의 색이 러시아어에서 기준자극과 다른 이름의 범주에 들어갈 때는 판단이 쉬워지고, 같은 이름의 범주에 들어갈 때는 판단이 어려워진 것이다.

사실 이 실험에는 아직 남은 것이 더 있다. 러시아어 화자의 이름에 의한 영향이 보이지 않게 되는 때가 있는 것이다. 그것은 실험의 피험자가 이 과제를 수행할 때, 언어 판단을 해야 하는 다른 과제를 동시에 해야만 할 때(예를 들어, 헤드폰에서 들려오는 뉴스를 잇달아 반복해야만 하는 것 같은 때)이다. 즉, 언어를 사용할 수밖에 없는 다른 일을 하고 있으면, 그렇지 않은 때에 관찰되는 모어에서의 이름으로 인한 영향이 사라져 버리는 것이다.

이 실험은 이름을 상기하거나, 이름을 붙이거나 하는 것을 실험협력자에게 요구한 것은 아니다. 그러나 사람의 뇌는 무의식적으로, 그리고 자동으로 색의 이름에 접속해 버리고, 카테고리지각 현상이 생겨난다. 그러나 언어를 사용할 수 없는 상황이 되면 카테고리지각은 사라져버리는 것이다.

무의식적으로 언어를 사용해버리는 뇌

영국의 뱅거대학Bangor University의 심리학자 기욤 티에리Guillaume Thierry는 실험협력자에게 단순한 형태를 연속적으로 보여 가며 그때의 뇌 활동을 조사했다. 이 실험에서 뇌 활동의 지표로써 사용된 것은 사상 관련 전위라고 하는 뇌의 전기활동 파형뇌파이다. 예를 들어 사람은 삐, 삐, 삐…… 처럼 특정한 높이로 일정한 길이의 음을 연속해서 들은 후, 그 패턴에서 벗어난 음을 들으면 뇌파에 반응이 관찰된다. 일탈한 음을 듣고 나서 대략 5분의 1에서 6분의 1초 정도에서 전위가 마이너스방향으로 전환하는 것이다.

이 연구자는 뇌파의 이 성질을 이용해서, 같은 이름으로 불리는 범위 내의 색의 변화와 이름이 바뀌어버리는 색의 변화에서, 뇌의 반응 방법이 다른지 어떤지를 조사했다. 제1장에서도 언급한 바와 같이, 파랑과 녹색을 구별하지 않는 언어는 많지만, 거꾸로, 우리가 '파랑'이라고 부르는 색을 복수의 단어로 구별하는 언어도 있다. 그리스어는 그런 언어의 하나로, 옅은 파랑과 짙은 파랑은 완전히 다른 이름으로 구분해서 부른다.

옅은 파랑은 ghalazio, 짙은 파랑은 ble이다.

이 연구에서는 두 개의 파랑을 동일하게 blue라고 부르는 영어를 모어로 하는 영국인과 ghalazio와 ble라고 구분해서 부르는 그리스어를 모어로 하는 그리스인이 참가했다. 실험 참가자는 뇌파를 측정하기 위한 전극을 머리에 부착하고 컴퓨터 화면을 본다. 책머리의 〈화보 4〉와 같이, 예를 들어, 동그라미가 연속해서 제시되고, 때때로 다른 형태가 등장한다. 실험 참가자는 도중에 형태가 바뀐 것을 눈치챘으면, 반응 상자의 단추를 누르도록 지시받았다. 그러나 실험에는 트릭이 장치되어 있었다. 실험 참가자가 컴퓨터 화면으로 보는 자극은, 형태가 때때로 바뀔 뿐만 아니라 색도 때때로 바뀌는 것이다. 그러나 색의 변화에 대해서는 실험자로부터 아무런 정보도 듣지 않았고, 반응하도록 지시받은 적도 없다. 두 색의 이름의 구별에 대해서 그 유무의 영향을 비교할 수 있도록, 어느 쪽의 언어에서도 이름을 구별하지 않는, 두 개의 녹색이 변화하는 경우도 실험에 포함되었다.

그러나 여기에서 관심 있는 것은 사전에 벨을 눌러서 반응하도록 지시한 형태의 변화가 아니라, 아무 말도 하지 않았던 색의 변화에 뇌가 반응할 것인가 말 것인가이다. 하나의 자극도형은, 정말 한순간밖에 화면에 머물지 않기 때문에, 과제에 집중하지 않으면 변화를 포착할 수 없다. 실험 후의 인터뷰에 의하면, 영국인도 그리스인도 형태의 변화를 포착하려고 집중하고 있었기 때문에, 두 개의 파랑, 혹은 두 개의 녹색 간의 변화에는 전혀 눈치채지 못했다고 말했다. 그러나 뇌의 반응으로 말할 것 같으면 그리스인은 ghalazio라고 부르는 색에서 ble라고 부르는 색으로 바꿰었을 때(혹은 ble에서 ghalazio으로 바뀌었을 때), 순간적으로 뇌파에서 반응이 있었다. 그 반면에, 영국인은 색의 변화에 대해서는 반응이 없고, 형태가 변화할 때만, 뇌파에서 반응을 보였다. 두 개의 녹색 간에 변화가 있었을 때는, 영국인도 그리스인도 뇌파의 변화를 보이지 않았다.

조금 전에 소개한 의태어, 동사, 부사와 움직임을 조합했을 때의 뇌의 활동 부위를 측정하는 연구에서는, 단어가 명시적으로 제시되었다. 그리고 제시된 단어에 의해 무의식적으로 사람이 움직이는 장면으로 주의가 변화했고, 그에 따라 뇌의 활동이 변화했다. 그러나 이 실험에서는 단어는 전혀 제시되지 않았다. 즉, 그리스인의 파랑의 경우, 뇌파의 반응은 색의 지각에 있어서 뇌에서 시각을 처리하는 상당히 빠른 단계에서부터, 말과 분리할 수 없다는 것을 나타내고 있다.

좀 더 직접적으로, 이것을 보여준 실험도 있다. 홍콩과 미국의 연구그룹은 조금 전에도 소개한 기능적 화상 자기공명법fMRI을 이용해, 색에 대한 지각 처리를 할 때의 뇌 활동을, 두 개의 색이 같은지 다른지를 판단하는 과제를 사용해서 조사했다. 실험 참가자는 홍콩에 사는 중국인이었다. 그러자 제시된 색이, 중국어에서 기초명의 전형 색이었을 경우에는 (금방 이름이 떠오르지 않는 색을 제시한 경우와 비교해서), 뇌 속에서 말의 의미 처리를 하는 부분의 활동이, 색의 지각 처리를 하는 부분에 더해져 인정된 것이다. 이 과제에서는 실험 참가자는 단순히 두 개의 색이 같은지 다른지에 대한 것만 판단하도록 요구받았기 때문에, 언어를 사용할 필요는 전혀 없고, 과제를 하는 동안, 말은 전혀 제시되지 않았다. 그런데도, 뇌가 자동으로 색의 지각 처리를 실행함과 동시에, 그 색의 이름의 의미 처리를 하는 부분에도 접속했을 것으로 생각된다.

즉, 우리는 세상에 존재하는 사물이나 색, 사물의 운동 등을 단순히 보고만 있는 것은 아니다. 볼 때에 뇌에서는 말도 함께 상기되는 것이다. 가령 그것이 한순간의 일이라 의식적으로는 깨닫지 못하고 기억에 남는 일이 없어도, 말이다. 즉 무언가를 볼 때, 언어를 듣든 듣지 않든, 언어는 우리의 인식에 무의식적으로 침입해 오는 것이다.

언어를 매개로 하지 않는 인식은 가능할까

언어가 없는 인식, 언어가 없는 사고

이것은 새로운 문제로 발전해 간다. 예를 들어 우리 인간에게 있어서, 언어를 매개로 하지 않는 인식은 있을 수 있을까.

언어를 매개로 하지 않는 인식은 가능하냐는 질문의 대답은 질문을 어떻게 파악하는지에 따라 바뀐다. 러시아어에서 구별하는 두 개의 파랑의 경계 부근에서, 두 개의 이름의 카테고리 경계를 넘으면, 화면에 표시되었던 두 개의 색이 '다르다'는 것을 깨닫는 것이 쉬워지고, 두 개의 색이 같은 이름의 범위 안에 있으면 '다르다'라는 판단이 어려워진다는 카테고리지각은, 통상적 상황에서 볼 수 있는 것이다.

귀에서 들려오는 뉴스를 한 마디 한 마디 반복해야만 하는 상황에서는 이 효과는 사라졌지만, 이러한 상황이 우리에게 흔히 있는 자연스러운 것이라고는 생각할 수 없다. 즉, 사람은 자연스러운 상황에서는 언어를 명시적으로 사용할 필요가 없어도, 어떤 것을 보거나 듣거나 할 때, 무의식중에 그 단어가 상기되는 것이다.

이것은 색의 지각에 국한되지 않는다. 제4장에서 소개한 직사각형의 방 한쪽 구석에 물건을 숨겨두고 그것을 찾는 실험을 상기하기 바란다. 이 실험에서도 귀에서 들려오는 이야기를 그대로 반복하는 상황에서는, 인간의 성인이라도 방의 모양과 벽의 색깔이라는 두 개의 단서를 동시에 사용하지 못하고, 쥐나 두 살 아이와 마찬가지로 행동했다. 이 경우도 우리 인간이, 동물과 다른 인간 특유의 행동을 취하기 위해서, 언어가 큰 역할을 수행하고 있음을 보여준다.

언어가 없다고 우리 인간의 인지가 완전히 기능을 멈추어버리지는 않는다. 언어를 갖고 있지 않는 사람 이외의 동물이 지성을 갖고 있지 않다는 것도 물론 아니다. 사람 이외의 동물도 어떤 종의 카테고리는 만들 수 있고, 사물이나 사건을 기억하는 것도 가능하다. 공간상에 숨겨둔 음식물을 탐색할 수도 있고, 장소를 기억할 수도 있다. 그런 의미에서는 동물에게도 인식은 충분히 있다고 할 수 있다. 그것은 언어를 학습하기 이전의 젖먹이와 어린아이도 마찬가지이다.

그러나 언어가 없는, 혹은 사용할 수 없는 상황에서 인식은, 언어를 의식적이든, 무의식적이든 사용할 수 있는 상황에서의 인식과 성질이 다른 것이다. 언어는 우리에게는 없어서는 안 되는 것으로, 언어를 일부러 사용하지 못하게 하는 인공적인 상황이 아니라면, 뇌는 무의식적으로 그리고 자동으로 어떠한 형태로든 언어를 사용해버리는 것이다. 이것을 생각하면 언어를 매개로 하지 않는 사고라는 것은 언어를 습득한 인간에게는 존재하지 않는다는 극론極論도 반드시 틀린 건 아닐지도 모른다.

언어에 끌려가는 판단

앞 장에서는 사람 이외의 동물과 인간의 차이, 인간의 아이에서 성인에 이르는 발달과정에서의 언어의 역할에 관해 기술했다. 그러나 언어가 우리에게 초래하는 것은 좋은 것만 있는 것은 아니다. 때로는 왜곡, 편향을 일으킨다. 앞에서 소개한 그림에 대한 기억은 그 좋은 예이다. 그림에 '안경', '아령'과 같은 이름이 붙음으로 인해서, 기억이 본래의 이미지에서 그 이름의 전형적인 이미지 쪽으로 왜곡되어버렸다. 다음에 드는 예는, 더욱더 극적이다.

미국의 어느 연구자는 실험협력자인 미국인 대학생에게 다음과 같은 문제를 냈다.

정부가 외국에서 전파된 전염병에 대하여 대책을 검토 중이다. 이 질병으로 600명의 희생자가 예상된다. 이 질병에 대해서 두 종류의 대책이 제안되었다. 과학적으로 정확한 추산에 의하면, 대책A가 적용된 경우에는 200명을 구할 수 있다. 대책B가 적용된 경우에는, 3분의 1의 확률로 600명을 구할 수 있지만, 3분의 2의 확률로 누구도 구할 수 없다. 대책A와B 어느 쪽을 선택해야 할까.

잘 읽고, 조금만 생각해 보면 알겠지만, 대책 A와 대책 B에서 구할 수 있는 사람, 구할 수 없는 사람의 비율은 같다. 어느 쪽의 대책으로도 200명을 구할 수 있고, 400명은 구하지 못한다. 그러나 실험협력자의 70%

가 A를 선택했다.

다른 그룹의 사람들에게, 같은 질문에 대해서, 마찬가지로 두 개의 대책을 제시하고, 어느 쪽이 좋을지 물었다. 이 두 개의 대책을 대책 C와 D라고 부르자. 이 두 개의 대책은 다음과 같은 표현으로 제시되었다.

대책 C가 적용된 경우에는 400명이 죽는다. 대책 D가 적용된 경우에는 3분의 1의 확률로 누구도 죽지 않지만, 3분의 2의 확률로 600명이 죽는다.

독자 여러분은 금방 눈치챘을 거라 생각하지만, 대책 C와 D는 각각 대책 A와 B와 같은 것을 말하고 있다. 말하는 표현 방법이 다를 뿐이다. A에서는 600명 중 200명 '산다'라고 말하고, C에서는 400명 '죽는다'라고 말하고 있을 뿐이다. 네 개의 대책 어느 것도, 살 수 있는 사람과 죽는 사람의 수는 같은 것이다. 그런데도, 이번에는 75%의 사람이 C안을 꺼리고, D안을 선택했다.

이처럼 같은 내용이라도 약간의 표현 차이로, 사람은 그 선택을 택하거나 피하거나 한다. 언어는 때로 사람을 객관적인 데이터에서 떼어놓아, 선입견이나 호불호로 판단을 내리는 근원이 될 수 있다고도 말할 수 있다.

물론 이것은 극단적인 예이다. 그러나 지금까지 몇 번이나 다뤄 온 카테고리 지각이라는 것도, 무의식적으로 일으키는 의식의 왜곡이라고 생각해도 좋다. 색이든 소리든 경계가 없이 연속적으로 변화하는 세계를 어느 지점에서 재빨리 선 긋기를 하고 선의 안쪽과 바깥쪽에서, 물리적으로는 등거리의 차이가 한쪽은 '같다', 다른 한쪽은 '다르다'라고 인식되기 때문이다.

언어와 분리할 수 없는 사고

결국, 언어는 사람의 사고의 다양한 곳까지 깊숙이 들어와 여러 가지의 형태로 영향을 준다. 세계에 대한 견해^{지각의 방법}를 바꾸거나, 기억을 왜곡시키거나 판단이나 의사결정에 좋든 나쁘든 영향을 미친다. 이렇게 생각하면, 여기에서도 워프 가설은 옳다고 해도 좋다. 제2장, 제3장에서 기술한 바와 같이, 서로 다른 언어의 화자에게 공통된, 인식의 보편성이나 인지의 편향은 존재한다. 그렇다면 서로 다른 언어의 화자는 어디까지 깊게, 서로를 이해할 수 있을까. 진정한 상호 이해는 가능한 것일까.

언어와
사고

그 관계방식의 해명으로

결국, 언어가 다른 화자는 서로 이해할 수 있을까

인식의 차이는 이해 불가능할 정도인가

앞의 장에서는 우리의 '추론하다'라는 인지 활동은 처음부터, '보다', '듣다', '기억하다'라는 거의 무의식적으로 행해지는 행위조차 거기에 언어가 자동으로 끼어들어 그것을 자연스러운 상황에서 배제하기란 어렵다고 기술했다. 그렇게 생각하면, 서로 다른 언어를 말하는 사람들은 각각의 언어에 의해 다소 왜곡된 세계를 보고 있다.

제2장에서는 워프가 그의 저서에 쓴 것 같은, '서로 이해 불가능할 정도의 사고의 간극'이 존재한다는 것은 생각하기 어렵다는 결론을 기술했다. 그러나 언어의 다양한 부분에서 세계를 나누는 카테고리를 만드는 법이나 카테고리의 경계가 다르고, 각각의 언어의 화자는 언어가 만들어내는 카테고리의 경계 때문에 지각이나 기억을 변형시키고, 언어가 추론이나 의사결정 등, 사고의 중요한 부분에 커다란 영향을 주고 있는 것이

라고 한다면, 역시, 언어가 다른 화자의 인식은 완전히 같다고는 말할 수 없을 것이다.

모호한 결론으로 보일지도 모른다. 독자 중에도 '도대체 어느 쪽이야, 흑백을 정확히 가려주질 원해'라고 생각하는 분이 계시리라 생각한다. 그러나 '언어가 사고 전체를 결정한다'인지, '사고는 언어와 독립적이며, 사람은 만국 공통으로 똑같이 사고한다'인지 하는 양자택일의 질문이 의미가 있을 만큼, 이 문제는 단순하지 않은 것이다. 서로 언어가 다른 화자의 인식은 다르다, 고 한다면, 언어가 다른 화자는 서로를 이해할 수 없는 것인가라는 문제가 발생한다. 워프는, 언어가 사고를 만든다. 따라서 언어에 있어서 세계의 분류가 다르면 필연적으로, 때로는 이해할 수 없을 정도로, 사고도 다르다고 주장했다.

결국, 이 문제에 어떻게 타협을 짓고, 결론을 내면 좋을 것인가. 언어가 다른 화자는 정말로, 서로의 인식을 전혀 이해할 수 없을 정도로 다른 것일까. 아니면 그런 일은 없는 것일까.

이 책은 워프처럼 전통적인 이異언어의 비교라고 하는 관점에 더해, 인간 아기의 사고가 언어를 배움으로써 어떻게 바뀔 것인가, 언어를 매개로 하지 않는 사고는 인간에게 있을 수 있는가 하는 관점에서 언어와 사고의 문제를 생각해 왔다. 여기에서, 아기가 언어를 배우기 시작하기 전에, 어떠한 카테고리를 이해하고, 어떠한 개념을 이해하고 있는지, 그것이 언어의 학습과 함께 어떻게 바뀌어 가는지에 대해서 한 번 더 정리해서 생각해 보고 싶다.

아기가 학습하기 쉬운 개념

지금까지 이 책에서 기술해 온 바와 같이, 세계의 언어는 다양한 기준으로 세계를 분할하고, 아기는 자신의 모어에서 세계를 분할하는 방법을 학습한다. 그러나 어떤 언어가 구별하는 개념을, 아기가 전부 똑같이 쉽게 학습할 수 있느냐 하면 그렇지는 않다. 개념에 따라 학습하기 쉬운 개념과 그렇지 않은 개념이 있는 것이다.

예를 들어, 제4장에서 기술한 것처럼, 공간상의 사물의 위치를 인식하는 경우, 절대적인 방위에 근거한 틀이, 자신이나 사물을 중심으로 상대적으로 사물의 위치 관계를 결정하는 상대적 틀보다도 이해하기 쉽다. 사물과 사물의 공간상의 관계에 대한 이해에서도, 영어에서 중요한 in과 on, 즉 포함과 접촉·지지의 카테고리 중, 아기는 포함의 관계를 접촉·지지 보다도, 훨씬 이른 시기에 이해하게 된다는 것을 알고 있다. 사물의 이동의 카테고리화에 있어서도, 궤적軌跡과 양태(즉 어떠한 방법으로 움직이는가)라는 두 개의 요소 중, 아기는 모어와 관계없이 처음에는 궤적의 동일성을 깨닫게 되고, 움직임의 양태가 달라도, 궤적이 같을 때, 그것을 '같다'라고 간주할 수 있게 된다. 그러나 같은 시기에는 아직 양태를 근거로한 카테고리를 만드는 것은 가능하지 않아서, 움직이는 방법이 같아도 움직이는 방향이 다르면 '같다'라고 간주하기가 어려운 것이다.

이처럼 어떤 종류의 개념적 구별은 다른 종류의 개념적 구별보다도 일찍, 쉽게 학습된다. 이것은 그것이 지각적이고 직감적으로 얼마만큼 이해하기 쉬운지와도 관계가 있다.

예를 들어, in이 나타내는 포함관계에서는 사물이 이동하는 착지점은 반드시 삼차원의 깊이가 있고, 거기에 그것보다도 작은 사물이 들어간다. 그에 비해, on이 나타내는 접촉·지지의 관계는 한층 더 다양하다. 예를 들면, 영어의 on이 나타내는 관계는 반드시 무언가의 위에 무언가가 놓여있는 경우에만 한정되지 않는다. 벽에 접촉해있는 경우도, 책상 옆에 무언가가 달라붙어 있는 경우에도 on이다. 이런 다양함이 아기에게 있어서 공통성을 발견하기 어렵게 만드는 원인이 될 것이다. 사물의 움직임의 궤적은 운동 전체의 지각으로 대충 파악되는 것에 비해, 양태의 지각은 더욱 세밀한 주의가 필요하다. 따라서 움직임의 궤적의 카테고리가, 양태의 카테고리보다도 아기는 만들기 쉬운 것이다.

언어의 학습과 개념 지도概念地圖

아기는 말을 시작하기 상당히 이전부터 여러 종류의 관계에 민감해서 그들 사이의 관계를 구별할 수 있다. 그중에서 지각적으로 두드러지고, 균질적인 관계는 이른 시기부터 이해되고, 폭넓고 추출이 어려운 카테고리는 이해가 늦어진다. 그러나 후자後者라도 언어로 이름이 붙고, 다른 관계와 구별된다면 아기는 머지않아 학습한다. 그 학습을 돕는 것은 다름 아닌, 언어의 존재이다.

예를 들어 생후 18개월의 아기는 사물이 어떤 것에 접촉하고, 유지되고 있는 복수의 상황을 보더라도, 그것이 '같다'라는 인식을 보통은 나타내지 않는다. 그러나 on이라는 단어를 함께 들으면, '같다'라는 인식을 나타낼 수 있다.

즉, 아기가 가진 관계의 개념 지도는 태어났을 때 이미 언어와 관계없이 똑같이 그려져 있는 것이다. 그 안에서 어떤 특정한 개념 카테고리는 학습하기가 쉬워, 아기는 언어 학습에 앞서, 그 분야의 개념의 소지素志를 획득할 수가 있다. 한편, 아기에게 직감적인 이해가 어렵고, 언어 없이는 획득할 수 없는 카테고리도 있다. 언어 학습이 진행됨에 따라, 자신의 모어의 개념의 색개념의 분류 방법에 물들어 가는 것이다.

그 결과, 최종적으로 다양한 색으로 칠해져 분류된 개념 지도는 다른 언어의 화자에게 있어서 완전히 다른 것일까.

언어 간의 다양성은 확실히 크다. 그러나 제3장에서 기술한 것처럼 다양한 언어에서의 개념 지도의 묘사 방법, 즉 언어에 의한 세계의 분류 방법은, 언어 간에 완전히 무질서하게 다양한 것이 아니라, 상당한 공통성이 있다. 재미있는 것이 아기가 다른 개념 구별보다도 일찍 민감해지는 구별은, 세계에 존재하는 방대한 수의 언어 중에서, 대부분 기초어로 구별되는 경향이 있는 것 같다.

원래 우리는 사람이라는 종으로서 공통의 지각 구조를 지니고, 공통의 인지 기반을 가지고 있다. 이 지각의 구조적 공통성에 의해, 다른 언어와의 사이에서 보편적인 '취향'이 나타나는 것이다.

인간의 아기가 언어의 차이를 넘어서 좋아하는(혹은 다른 것보다도 이른 시기에 학습하는) 개념 카테고리라는 것이 존재한다. 즉, 언어 자체, 우리를 둘러싼 세계에 내재하는 구조를 반영하고 있고, 상당한 다양성이 있다고 하더라도, 세계에 내재하는 매우 눈에 띄는 유사성 — 즉, 언어를 갖고 있지 않은 인간 이외의 동물이나 인간의 아기라도 알아차릴 수 있는 유사성 — 을 언어가 뒤덮는 일은 좀처럼 없다.

언어와 인식

말에 의한 세계의 분류 방법이 각각의 언어에 따라 크게 다른 경우에도, 언어의 카테고리가 그대로 인식되는 유사성과 항상 일치하는 것은 아님을 알게 되었다.

예를 들어 제1장에서 소개했던 바와 같이, 중국어에서는 사물을 '드는' 상황과 '옮기는' 상황(즉, 사물을 들고 움직이지 않는 경우와 사물을 들고 다른 장소로 이동시키는 경우)을 동사로 구별하지 않고, 그 대신에 사물을 드는 방법에 따라 세밀하게 동사를 가려 쓴다. 한편 영어나 독일어는 사물을 드는 방법에는 전혀 개의치 않고, 사물을 들고만 있는 경우와 이동시키는 경우를 구별하는 두 개의 동사가 있을 뿐이다.

그러나 독일인과 중국인에게 사람이 다양한 방법으로 사물을 들고 있는 비디오와 그것에 대응해서 같은 방법으로 들고 있지만, 물건을 들고 사람이 이동하고 있는 (즉, 사물도 함께 이동하고 있는) 비디오를 많이 보여주고, 카테고리 분류를 하도록 했더니, 중국인도 독일인도 모두, 동사에서는 구별하지 않는 사물의 이동에 따라서 카테고리를 만들었다. 중국인에게도, 사물을 들고 있기만 한 상황과 사물을 이동시키는 상황은 드는 방법의 미묘한 차이보다도 큰 차이라고 느껴졌다는 것이다.

도대체 '상호 이해가 불가능한 차이'란, 어느 레벨의 차이를 말하는 것일까.

예를 들어, 눈이 보이지 않는 사람들은 조각이나 그림을 볼 수 없는 것일까. 확실히 시각장애인의 지각 방법은 비장애인의 지각 방법과는 다르다. 그러나 시각장애인도 촉각으로, 혹은 타인에게서 그 작품에 대한 설명을 듣는 것으로, 작품을 감상하고, 작품에 대해 감동한다. 이 같은 경우, 우리는 시각장애인이 비장애인과 '상호 이해가 불가능할 정도로 인식이 다르다'고 말할 수 있을까.

이 경우, 우리 중 대부분은 시각장애인과 비장애인 간에, 지각의 방법은 달라도 상호 이해가 불가능하다고는 생각하지 않는다. 언어가 일으키는 다른 화자 간에서의 인식 차이에 대해 이해하는 것은 매우 중요하지만, 그것을 간단하게 '상호 이해가 불가능할 정도의 차이'라고 단정하고 워프를 예로 인용해서는 안 된다.

인식의 차이를 이해하는 것의 중요성

왜곡되어 있는 인식

이러한 관점에서 생각하면, 다른 언어의 화자가 이해 불가능할 정도로 다른 인식을 갖고 있다고는 생각하기 어렵다. 실제로, 저명한 학자(예를 들어 『언어 본능(*The Language Instinct*)』의 저자, 스티븐 핑커Steven Arthur Pinker 등) 중에는, 언어 간의 차이는, 그 보편적 성질 앞에서는 대수롭지 않은 일이고, 따라서 워프 가설은 진지하게 검토할 가치가 없는 이론이라고 생각하는 사람들도 있다.

그러나 이 또한 단락적인 결론이다. 다른 언어 간에 보편적인 경향은 확실히 있고, 이것은 인간의 인식이나 지성의 보편성을 투영하는 것으로서 확실히 매우 중요하다. 그러나 언어의 다양성이 상당히 큰 것은 명백한 사실로, 사람의 인식의 성질을 이해함에 있어서 이것을 '대수롭지 않은 일'이라고 간과할 수는 없다.

게다가, 조금 전에 기술한 것처럼, 사물이나 사건을 무의식적으로 보는 행위조차, 언어의 존재가 뇌의 계산 프로세스의 일부가 되어있는 것이다. 이렇게 생각하면, 우리는 언어의 필터를 통해서 다소 왜곡된 세계를 보고 있는 것이다. 호흡하는 것과 마찬가지로 무의식적으로 당연하게 행하고 있는, 주위의 사물이나 사건을 보고, 인식하고, 기억하는 행위를, 뇌가 어떠한 인식 프로세스로 실행하고 있는지를 명백히 밝히는 것은, 인간의 사고나 지성에 대해 이해하기 위해서 절대적으로 필요한 것이다. 그리고 그 문제를 생각하는 데 있어서, 우리가 보는 세계는 언어라는 필터를 통한 세계임을 이해하고, 언어가 어떻게 관여하고 있는가를 명백히 밝히는 것은 말할 것도 없이 매우 중요한 것이다.

언어와 사고의 관계를 생각할 때, 이제는 단순히 언어가 다른 화자 간의 인식이 같은가 다른가 하는 문제의식은 불충분하고, 과학적인 관점에서는 시대에 뒤떨어졌다고 해도 좋다. 지금 우리가 해야만 하는 것은 우리의 일상적인 인식과 사고 — 보는 것, 듣는 것, 이해해서 해석하는 것, 기억하는 것, 기억을 상기하는 것, 예측하는 것, 추론하는 것, 그리고 학습하는 것 — 에 언어가 어떻게 관여하고 있는지, 그 구조를 자세하게 밝히는 것이다.

또한, 다른 언어가 각각의 인식과 사고에 어떻게 관여하는지, 그 관여방법이 언어의 문법에 의한 구조적인 특징이나 어휘의 특징에 따라 어떻게 다른가 하는 문제와 맞붙게 될 것이다.

인식의 차이와 외국어학습

언어에 의한 인식의 차이혹은 어긋남, 왜곡를 이해하는 것은, 외국어를 학습하는 데 있어 매우 중요하다. 앞에서도 소개한 것처럼, 스즈키 다카오鈴木孝夫 씨는 『일본어와 외국어日本語と外国語』라는 책 속에서 다음과 같은 에피소드를 썼다. 스즈키 씨는, 영어의 orange라는 색의 단어를 일본어의 '오렌지색'이라고 굳게 믿고 있었다. 그 결과 렌터카를 빌렸을 때 orange car가 온다고 해서, 줄곧 기다리고 있었는데 아무리 기다려도 차는 오지 않았다. 대신에 이쪽의 상황을 살피고 있는 갈색(이라고 스즈키 씨는 생각했다)의 차가 호텔 앞에 정차해 있었다. 그것이 스즈키 씨가 기다리던 차였다. 스즈키 씨가 운전사에게 "'오렌지색 차'라고 말했기 때문에 오렌지색 차를 찾고 있었다"라고 말했더니, "이게 오렌지색 차잖아"라고 대답해 처음으로 영어 화자가 의미하는 orange와 일본어 화자가 의미하는 '오렌지색'에는 인식의 차이가 있다는 것을 깨달았다.

스즈키 씨와 같은 영어의 달인으로서 여러 언어를 비교 분석하는 일을 전문적으로 하는 사람조차, 언뜻 보기에 모어와 외국어 간에 대응하는 것처럼 보이는 단어가 존재하면, 두 단어가 가리키는 범위, 즉 카테고리의 경계가 같은 것처럼 믿어버리는 것을 이 에피소드는 여실히 보여주고 있다.

앞에서 말했듯이, 우리의 인식은 모어라는 필터를 통과한 인식이고, 다른 언어의 필터를 통과한 인식은 자신의 인식과 차이가 있을지도 모른다는 것을 이해하는 일은 매우 중요하지만, 실제로는 이것은 그렇게 쉬운 일이 아니다. 지금까지 기술한 바와 같이, 우리의 인식은 언어와 분리할 수 없는 관계에 있고, 모어에서 세계를 분류하는 방법이 너무도 자연스럽게 느껴지기 때문에, 그 분류법이 유일무이한 분류법이 아닌 것을 좀처럼 깨닫지 못하는 것이다.

실제, 언어에 따라 세계를 분류하는 방법에 차이가 있음을 깨닫지 못하고, 자신의 인식이 세계의 표준이라고 굳게 믿어버리면, 외국어 단어의 의미를 '올바르게' 이해하는 것을 명백하게 방해한다. (여기에서 '올바르게'라는 것은 그 외국어를 모어로 하는 사람들이 가진 단어의 의미를 공유한다는 것이다.)

조금 전 나왔던 '물건을 들다'에 관계된 중국어의 동사군群을, 일본어를 모어로 하는 사람들이 어떻게 학습하고 있는지 필자는 학생인 사지 노부로佐治伸郎 씨와 함께 조사해 봤다. 그랬더니 학습자는 일본어가 구별하는 '안다', '짊어지다', '메다'에 대응하는 단어는 기억하고 있었지만, 일본어에서는 모두 '들다'라고 밖에 말하지 않는, 손으로 드는 방법을 나타내는 일련의 동사(양손으로 용기의 위에서 들다, 손을 위로해서 손바닥으로 떠받쳐서 들다, 한쪽 손을 아래로 해서 물건을 늘어뜨려 들다, 한쪽 손을 위로 해서 손가락으로 들다)에 대응하는 동사는 거의 기억하지 못하고, 통틀어 '拿집을 나'라는 비교적 의미가 넓은 동사로 모두 대용하고 있었다. 학습자는 모어에서 구별하지 않는 구분에 대해서, 그것이 중국어에서 중요한 구별인데도, 그 중요성을 깨닫지 못했기 때문에 모어 화자가 그 상황에서 사용하는 단어에 주의를 기울이지 않고, 언뜻 보아 대응할 것처럼 보이는 단어를 과도하게 계속 쓰는 것이다.

실제로 학습자가 동사를 구별 사용하는 수준은 중국인 3세 아이와 같은 정도였다. 그러나 중국인 아이는 그 후 착실히 성인의 구별사용 수준에 근접해 가는 것에 비해, 학습자는 학습 연수가 증가해도, 중국인 3세 아이의 수준에 계속 머물러 있었다.

우리가 영어를 배울 때도 마찬가지이다. 일본어로 '걷다'라는 동사로밖에 표현할 수 없는 사람의 움직임에 대해서, 영어에서는 매우 세밀하게 동사를 구별 사용한다. 실제로, 단어끼리의 상호 관계를 나타내는 "WordNet"이라는 검색 시스템에서는 walk의 하위분류로서, 80개 정도의 동사가 제시되어 있었다. 개인적인 경험담이라서 죄송하지만, 필자는 이들 여러 걸음걸이에 사용되는 동사를 외우는 데 상당히 고생하고, 지금까지도 몇 개의 동사밖에 기억하지 못한다. 이것은 이들 동사가 사용되는 것을 들을 때마다, '아장아장 걷다waddle', '비틀거리면서 걷다stagger' 등, 무의식적으로 일본어로 고쳐버리고, 일본어로 고친 시점에서 '걷다'로 밖에 기억에 남아있지 않은 탓은 아닐까 싶다.

외국어를 학습할 때, 외국어에서 세계를 분류하는 방법은 모어의 분류 방법과 달라, 그것이 인식의 차이로 이어진다는 것을 알고, 인식의 차이를 이해하고 간극을 조정하는 것은 매우 중요하다.

외국어의 정보처리

외국어와 모어에서 세계를 분류하는 방법을 의식적으로 이해하는 것은, 외국어 숙달에 있어서 중요하다. 그러나 언어를 듣고, 이해하고, 말하기 위해서는 단어의 의미나 문법 지식 외에, 자동으로 행하는 정보처리가 매우 중요하다. 우리는 들려오는 언어의 음성을 이해할 때, 들어오는 언어의 음의 음소를 구별하고, 음 하나하나를 동일한 것으로 인정하고, 그것을 정리하여, 음소의 덩어리를 만들어, 다시 그것을 정리하여 단어로서 인식한다. 다시금 각각의 단어의 문법상의 역할을 동일한 것으로 인정하고, 뇌 속에 있는 단어의 의미 사전에 접속해, 한 번 더 단어를 구로 정리해, 구의 의미 처리를 하고, 또다시 구를 문으로 정리하고, 문으로서의 의미를 이해한다, 고 하는 일련의 프로세스가 있다. 이들 일련의 프로세스는 모어의 경우에는 거의 의식하지 못할 정도로 빠르고 자동적으로 실행된다.

제4장에서 기술한 것처럼, 아이들은 모어의 정보처리를 효율적으로 행할 수 있도록 모어에 관련 있는 정보에는 주의를 기울이고, 관계없는 정보에는 주의를 기울이지 않도록 정보처리시스템을 상당히 이른 단계부터 만들어낸다. 따라서 언어음성에 대한 주의와 음의 카테고리화 등의 매우 세밀한 수준에서의 인지 처리는 이 시점에서, 각각의 언어에서 필요한 정보처리를 가장 효율적으로 실행하기 위해, 특별히 조정된 것이 된다.

문법에 관한 정보처리에 대해서도, 시기는 조금 늦지만 마찬가지이다. 문법이란 단어를 구, 문으로 정리해 가는 것만이 아니다. 언어의 문법규칙에 따라, 단어의 문법적 형태를 결정하고, 형태소를 부가하는 프로세스도 문 처리에 중요한 프로세스이다. 예를 들어 영어라면, 순간적으로, 명사가 가산, 불 가산 어느 쪽의 카테고리에 속할지를 결정하고, 그것에 적합한 관사나 형태의 결정(예를 들면, 가산명사로 복수라면 복수형으로 하는 등)을 해야만 한다. 이들 처리도, 음성 처리와 마찬가지로, 의식적으로 멈

취 서서 생각하는 것이 아니라, 자동으로 매우 빠르게 행해야 하므로, 모어 화자는 그것을 위해서 각각의 언어에 특화한 정보처리 시스템을 가지고 있다.

이 모어의 정보처리를 최대한 효율화하기 위해 만들어진 시스템은, 반드시 외국어의 음성 처리나 문법 처리에 최적이라고는 말할 수 없는 때가 많다. 그러기는커녕 오히려, 외국어의 정보처리에 있어서 필요한 정보에 주의를 기울이지 않고, 배제해버리는 원인이 되기도 한다. 앞에서 기술한 모어와 외국어에 있어서 단어가 대응하지 않는 것을 깨닫지 못하는 것 외에, 외국어에 필요한 정보에 자동으로 주의가 기울여지지 않는 것이 외국어 학습을 어렵게 하는 원인이 된다.

결국, 이 책의 서두에서 언급했듯이, '사고'의 정의에 의식화할 수 있는 지식이나 의식적으로 행하는 추론, 의사결정에 한정하지 않고 인지 활동 전체를 포함해서 생각하는 것이라면, 언어 학습이나 언어 처리에 필요한 정보처리시스템이란 관점에서도, 언어가 다른 화자의 사고는 다르다고 해도 좋을 것이다.

이중 언어 사용자bilingual의 사고

지금까지 이 책을 읽어주신 독자는, 거의 모든 인지 활동에 언어가 관여하고 있고, 언어의 필터를 통한 세계를 보고 있다고 한다면, 이중 언어를 구사하는 사람들은 2개의 다른 사고를 하고 있고, 사용하는 언어에 따라 스위치를 전환하는 것일까 하는 의문을 품지는 않을까.

대단히 죄송하지만, 이 문제에 대해서도 단순하게 '예', '아니요'로 대답할 수 없다. 애초에 이중 언어 사용자^{bilingual}라고 한마디로 말해도, 2개의 언어를 모어와 같은 수준으로 자유로이 가려 쓸 수 있는 사람이 있는가 하면, 2개의 언어를 일상적으로 불편함 없이 함께 사용하고 있어도, 한쪽의 언어를 우세한 언어로 선호하는 단계, 그리고 제2 언어 쪽도 전문적으로 사용할 수 있지만, 모어만큼 자유로운 사고의 도구는 아닌 수준까지 다양하기 때문에, 애당초 '이중 언어 사용자의 사고'라는 것으로 일반론을 전개하는 것은 불가능하다.

다만, 지금까지 실시했던 연구의 결과와 필자 자신의 개인적인 경험을 근거로 굳이 말하자면, 이중 언어를 구사하는 사람이, 2개의 언어 각각의 모어 화자와 같은 '사고'를 동시에 2개 가지고 있다고는 생각하기 어렵다.

애초에 2개의 언어를 완벽하게 구사하는 이중 언어 사용자^{bilingual}에 대해서는, 각각의 언어의 한 언어 사용자^{monolingual}와 완전히 같은 정보처리 시스템을 2개 병행해서 갖고 있고, 각각을 어느 쪽 언어를 말하느냐에 따라서 가려 쓸 것 같은 이미지를 갖기 쉽지만, 그 같은 일은 없다. 예를 들어 무의식에서 행하는 언어의 음의 처리는, 그 사람이 굳이 어느 쪽인가를 택한다면 이쪽이라고 택하는 언어에 특화되어 있고, 우세한 언어가 아닌 쪽의 모어 화자의 정보처리 방법과 반드시 같지는 않다는 것을 알고 있다.

어휘에서도, 일상생활 속에서 2개의 언어를 완전히 자유롭게 가려 쓰고 있는 이중 언어 사용자^{bilingual}의 언어의 사용법은, 2개의 언어 각각 한 언어 사용자^{monolingual}의 그것과는 다르다는 것이 실험에서 나타나 있다.

이 실험에서는 (조금 전에 언급한 중국어의 '들다'에 관련된 동사군群의 구별 사용처럼) 많은 유의어 중에서 단어를 상황에 맞게 가려 쓸 경우에, 이중 언어 사용자bilingual는 어느 쪽의 언어에 대해서도, 그 언어의 한 언어사용자 monolingual와 같아지지는 않는 것을 알았다. 그들 각각의 언어에서의 구별 사용 방법은 2개의 언어 각각으로부터 영향을 받은 것 같은, 어느 쪽 언어의 모어 화자와도 완전하게 일치하지 않는 것이었다고 한다.

이것으로 미루어 보더라도, 외국어에 상당히 능통하고, 그것을 무기로 원어민에게 지지 않을 만큼 훌륭히 일을 하고 있는 이중 언어 사용자 bilingual조차, 모어가 외국어보다도 우세한 경우에는 '사고'의 다양한 부분에서, 모어가 외국어에 영향을 미친다고 해도 좋다. 따라서 모어에서의 인식과 병행해서, 외국어의 원어민과 완전히 같은 인식 체계를 가진다는 것은 매우 생각하기 어려운 것이다.

필자도 영어로 논문을 쓰고, 연구를 발표하게 된 지는 20년이 되지만, 영어를 모어로 하는 사람과 같은 정보처리 방법은 분명히 하고 있지 않다. 인식의 레벨에서도 영어로 알고 있다고 생각했었던 단어의 의미를, 모어에서 그것에 가까운 의미를 지닌 단어에 영향을 받아 오해하고 있었다는 것을 깨닫고, 적잖이 쇼크를 받는 일은 일상다반사이다.

결국, '이중 언어 사용자bilingual'라고 해도, 대부분의 사람은 2개의 언어를 같은 수준의 능숙함으로 다루는 것이 아니라 우세한 쪽의 언어가 2번째의 언어를 사용할 때에도 사고에 영향을 미치고 있다고 해도 좋다.

인식의 다양성에 대한 깨달음

단, 외국어에 능숙해지는 것은 다른 의미에서, 인식을 바꾼다고 해도 좋다. 하나의 언어^{모어}밖에 모른다면 모어에서 세계를 구분하는 방법이 전 세계 어디서나 표준의 보편적인 것이라고 굳게 믿고, 다른 언어에서는 완전히 다른 방법으로 분류를 하고 있다는 것을 깨닫지 못하는 경우가 많다. 외국어를 공부하고 숙달되면 자신들이 당연하다고 생각하고 있었던 세계의 분류 방법이 실은 당연하지 않고, 완전히 다른 구분법도 가능하다는 것을 알게 된다. 이 '깨달음'은 그것 자체가 사고의 변용이라고 해도 좋다.

바꾸어 말하면, 외국어를 공부하고 숙달하는 것으로 그 외국어의 원어민과 완전히 같은 '사고'를 획득하는 것은 아닐지라도, 모어라는 필터를 통해서만 보던 세계를 다른 시점에서 볼 수 있게 되는 것이다. 즉, 이중 언어 사용자^{bilingual}가 됨으로써 얻을 수 있는 것은, 그 외국어의 모어 화자와 같은 인식 그 자체가 아니라, 모어를 통한 인식만이 유일한 표준적 인식이 아니라, 같은 것, 같은 사상을 복수의 인식 틀에서 파악할 수 있다는 인식이다. 자신의 언어·문화, 혹은 특정의 언어·문화가 세계의 중심에 있는 것이 아니라, 다양한 언어의 필터를 통한 다양한 인식의 틀이 존재하는 것을 의식하는 것 ― 그것이 다언어에 숙달됨으로써 초래되는, 가장 큰 사고의 변용인 것이라고 필자는 생각한다.

후기

이 책에서는 언어와 사고의 관계에 대해 다양한 관점에서 고찰했다. 몇 번인가 양해를 구했듯이, 언어가 사고를 결정하는지 아닌지, 혹은 다른 언어의 화자가 다른 사고를 하고 있는가 하는 문제에 대해서, 단순하게 흑인지, 백인지라는 양자택일적인 대답을 하는 것은 불가능하다. 흑·백을 말하기 전에, 먼저 사고란 무엇인가라는 것을 생각해야만 하고, 언어가 사고에 영향을 미친다면 사고의 어느 측면에서, 어떠한 장면에서 관찰되는지도 고려해야만 한다. '사고가 다르다'라는 말의 의미를 다시 생각해 볼 필요도 있다는 것을 이 책에서는 반복해서 강조해 왔다.

이것은 일부 독자에게 있어서는 짜증 나고, 도저히 납득이 가지 않는 것이었을지도 모른다. 그러나 그럼에도 불구하고, 마지막까지 읽으시고, 심리학의 측면에서 보자면 이러한 접근도 있을 수 있는 것이다, 오히려 세계는 단순하지 않기 때문에, 이처럼 생각하는 것이 현실적인 세계를 파악하는 방법이라는 것을 납득해 주셨으면 하는 것이 필자의 바람이다.

언어라고 하는 인간 지성의 상징이 인간의 사고와 어떠한 관계에 있는가 하는 문제는 한없이 넓고 깊다. 이 책은 그 일부분을 스친 것에 불과하고, 앞으로의 연구에서 명백히 밝혀야 할 과제도 많이 남아있다. 연구가 진전되면 다른 기회에, 다른 시점에서 다시 이 문제에 대하여 쓰고 싶다.

이 책을 집필하면서, 대단히 많은 분께 신세를 졌다. 먼저, 언어와 사고의 문제에 대해 필자와 함께 연구에 매진하고, 날마다 토론해 주고 있는 이마이연구실의 구성원과 공동연구자 모두에게는 말로 표현할 수 없을 정도로 감사하고 있다.

이 책의 집필을 장려해 주신 이와나미^{岩波}서점의 하마카도 마미코^{濱門麻美子} 씨, 기획을 담당해 주신 하야사카 노조미^{早坂ノゾミ} 씨에게도 감사를 전하고 싶다. 기획을 세우고도 필자가 좀처럼 집필에 몰두하지 못하고 작업이 늦어진 탓에, 이 책을 처음에 담당해 주셨던 하야사카 씨는 책이 완성되는 것을 보지 못하고 퇴사하고 말았다. 하야사카 씨에게도 이와나미 서점에도 대단히 폐를 끼친 점 여기에서 아울러 사죄드리고 싶다,

좀처럼 원고를 써 내려가지 못하고 우물쭈물하던 필자를 때로는 달래고 어르고, 때로는 질타 격려해가며 간신히 완성에 이르도록 해주셨던 분은, 하야사카 씨에 이어 담당을 맡아주셨던 사카마키 가쓰미^{坂巻克己} 씨이다. 오랜 세월 친구이자 연구 동료인 노지마 히사오^{野島久雄} 씨에게도 많은 귀중한 조언을 받았다. 또 이마이연구실의 가네로 준코^{加根魯洵子} 씨는 세심히 편집 작업을 도와주셨고, 사지 노부로^{佐治伸郎} 씨와 이자와 아사코^{伊澤朝子} 씨는 이 책 속의 일러스트를 그려 주셨다. 이들 한 분 한 분에게 진심으로 감사의 말씀을 드리고 싶다.

마지막으로 매일 바쁜 일상생활을 지탱해 주는 가족과 생활을 윤택하게 해주는 사랑하는 고양이에게, 새삼 감사의 뜻을 표하고 싶다.